中国文化丛书

经典随行

傅斯年 著

史学方法导论

中华书局

图书在版编目 (CIP) 数据

史学方法导论/傅斯年著. —北京 : 中华书局 , 2015.11
(中国文化丛书·经典随行)
ISBN 978-7-101-11119-4

Ⅰ.史… Ⅱ.傅… Ⅲ.史学-方法论-中国-文集
Ⅳ.K207-53

中国版本图书馆 CIP 数据核字 (2015) 第 161057 号

书　　名 史学方法导论
著　　者 傅斯年
丛 书 名 中国文化丛书·经典随行
责任编辑 申作宏
出版发行 中华书局
　　　　　 (北京市丰台区太平桥西里 38 号　 100073)
　　　　　 http://www.zhbc.com.cn
　　　　　 E-mail:zhbc@zhbc.com.cn
印　　刷 北京天来印务有限公司
版　　次 2015 年 11 月北京第 1 版
　　　　　 2015 年 11 月北京第 1 次印刷
规　　格 开本/880×1230 毫米　 1/32
　　　　　 印张 5⅝　 字数 150 千字
印　　数 1-5000 册
国际书号 ISBN 978-7-101-11119-4
定　　价 25.00 元

经典随行 书礼传家

——"中国文化丛书"出版说明

"中国文化丛书"包括两套书系："经典随行"和"书礼传家"。

我们所谓的"经典"，是指经久不衰的典范之作，它们历经岁月的淘洗仍然具有旺盛的生命力。中国文化，源远流长，广播四海，经典累代不乏。晚近以来，中国处于"三千年未有之大变局"时代，西方学术和思想大量涌入，中国传统文化遭受巨大冲击，国人或主动或被动地卷入这样一股变迁的时代洪流中，摸索前行。社会巨变之际往往精英辈出，中西文化的激荡，产生了一大批大师级的学者，留下了丰厚的文化遗产。

"经典随行"书系选取近一百年来有关中国文化的经典著作，内容涉及文学、史学、哲学、思想、宗教、文化、艺术诸领域，如鲁迅《中国小说史略》、蒋维乔《中国佛教史》、许地山《道教史》、蔡元培《中国伦理学史》、陈师曾《中国绘画史》、柳诒徵《中国文化史》等，都是具有典范性的经典力作。

在推出这些学术文化经典的同时，我们希望以一种更加新颖的方式使读者接受传统文化的熏陶，于是我们策划了"书礼传家"书系。中国自古崇文重教，"十户之村，不废诵读"，"书礼传家"是许多中国人悬挂于门楣的精神坐标。"书礼传家"书系引进立体阅读的概念，以"实物仿真件＋文本解读"的方式，来丰富读者的阅读体验。精心选择中国传统文化中与普通民众生活密切相关的文书，从一件件具体的实物说开去，以小见大，生动有趣，从微观角度反映传统社会千姿百态的生活方式，将"科举"、"婚约与休书"、"花笺与信物"、"奏折"、"当票"、"地契"、"状子"等反映中国古代科举制度、婚姻制度、爱情观念、古代官制、典当制度、土地制度、司法制度等一系列传统社会制度的内容纳入进来。翻开这套书，就如同走进了一座"流动的文化博物馆"。

"中国文化丛书"致力于介绍阐述中国传统文化的"著述"，而不是中国文化"元典"本身；面对的读者对象是普通大众，以推介中国文化常识为基本立足点，过于艰深的学术探讨不在选择之列；在表述上力求深入浅出、简明准确。

"大家的文笔，大众的视角"，是我们对"中国文化丛书"的基本定位，愿这套丛书能够为人们搭建一座接近经典、了解历史与文化的桥梁。

中华书局编辑部

二〇一三年十二月

目　录

史学方法导论

拟　目

联经出版公司《傅斯年全集》原编者按：此为傅先生任教北京大学时之讲义稿。原稿凡七讲，姑以付印。他日访得所缺各篇时，当再补入。

史料论略

我们在上章讨论中国及欧洲历史学观念演进的时候,已经归纳到下列的几个结论:

一、史的观念之进步,在于由主观的哲学及伦理价值论变做客观的史料学。

二、著史的事业之进步,在于由人文的手段,变做如生物学、地质学等一般的事业。

三、史学的对象是史料,不是文词,不是伦理,不是神学,并且不是社会学。史学的工作是整理史料,不是做艺术的建设,不是做疏通的事业,不是去扶持或推倒这个运动,或那个主义。

假如有人问我们整理史料的方法,我们要回答说:第一是比较不同的史料,第二是比较不同的史料,第三还是比较不同的史料。假如一件事只有一个记载,而这个记载和天地间一切其他记载(此处所谓记载,不专指文字,犹史料之不以文字为限)

不相干，则对这件事只好姑信姑疑，我们没有法子去对他做任何史学的工夫。假如天地间事都是这样，则没有一切科学了，史学也是其一。不过天地间事并不如此。物理、化学的事件重复无数，故可以试验，地质、生物的记载每有相互的关系，故有归纳的结论。历史的事件虽然一件事只有一次，但一个事件既不尽止有一个记载，所以这个事件在多种情形下，可以比较而得其近真；好几件的事情又每每有相关联的地方，更可以比较而得其头绪。

在中国详述比较史料的最早一部书，是《通鉴考异》。这是司马君实领导着刘攽、刘恕、范祖禹诸人做的。这里边可以看出史学方法的成熟和整理史料的标准。在西洋则这方法的成熟后了好几百年，到十七八世纪，这方法才算有自觉的完成了。

史学便是史料学：这话是我们讲这一课的中央题目。史料学便是比较方法之应用：这话是我们讨论这一篇的主旨。但史料是不同的，有来源的不同，有先后的不同，有价值的不同，有一切花样的不同。比较方法之使用，每每是"因时制宜"的。处理每一历史的事件，每每取用一种特别的手段，这手段在宗旨上诚然不过是比较，在迎合事体上却是甲不能转到乙，乙不能转到丙，丙不能转到丁……徒然高揭"史学的方法是以科学的比较为手段，去处理不同的记载"一个口号，仍不过是"托诸空言"；何如"见诸实事之深切著明"呢？所以我们把这一篇讨论分做几节，为每节举一个或若干个的实例，以见整理史料在实施上的意义。

第一章　史料之相对的价值

第一节　直接史料对间接史料

　　史料在一种意义上大致可以分做两类：一、直接的史料；二、间接的史料。凡是未经中间人手修改或省略或转写的，是直接的史料；凡是已经中间人手修改或省略或转写的，是间接的史料。《周书》是间接的材料，毛公鼎则是直接的；《世本》是间接的材料（今已佚），卜辞则是直接的；《明史》是间接的材料，明档案则是直接的。以此类推。有些间接的材料和直接的差不多，例如《史记》所记秦刻石；有些便和直接的材料成极端的相反，例如《左传》《国语》中所载的那些语来语去。自然，直接的材料是比较最可信的，间接材料因转手的缘故容易被人更改或加减；但有时某一种直接的材料也许是孤立的，是例外的，而有时间接的材料反是前人精密归纳直接材料而得的：这个都不能一概论断，要随时随地地分别着看。

　　直接史料的出处大致有二：一、地下；二、古公廨、古庙宇，及世家之所藏。不是一切东西都可在地下保存的，而文字所凭的材料，在后来的，几乎全不能在地下保存，如纸，如帛。在早年的幸而所凭借者是骨，是金，是石，是陶，是泥；其是竹木的，只听见说在干燥的西域保存着，在中国北方的天气，已经很不适于保存这些东西于地下。至于世家，中国因为久不是封建的国家，所以是很少的，公廨庙宇是历经兵火匪劫的。所以敦煌的巨藏有一不有二，汲冢的故事一见不再见。竹书一类的东西，我也曾对之"寤寐思服"，梦想洛阳周冢、临淄齐冢，安知不如魏安僖王冢？不过洛阳陵墓已为官匪合作所盗尽，临淄滨海，气候较湿，这些梦想未必能实现于百一罢？直接材料的来源有些限制，所以每有偏重的现象。如《殷卜辞》所记，"在祀与戎"，而无政事。周金文偏记光宠，少记事迹。敦煌卷子少有全书。（其实敦煌卷子只可说是早年的间接材料，不得谓为直接材料。）明清内阁大库档案，都是些"断烂朝报"。若是我们不先对于间接材料有一番细工夫，这些直接材料之意义和位置，是不知道的；不知道则无从使用。所以玩古董的那么多，发明古史的何以那么少呢？写钟鼎的那么多，能借殷周文字以补证经传的何以只有许瀚、吴大澂、孙诒让、王国维几个人呢？何以翁方纲、罗振玉一般人都不能呢？（《殷墟书契考释》一书，原是王国维作的，不是罗振玉的。）珍藏唐写本的那么多，能知各种写本的互相位置者何以那么少呢？直接材料每每残缺，每每偏于小事，不靠较为普通、略具系统的间接材料先作说明，何从了解这一件直接材料？所以持区区的金文，而不熟读经传的人，只能去做刻图章的匠人；明知《说文》有无穷的毛病、无限的错误，然而丢了他，金文更讲不通。

以上说直接材料的了解，靠间接材料做个预备，做个轮廓，做个界落。然而直接材料虽然不比间接材料全得多，却比间接材料正确得多。一件事经过三个人的口传便成谣言，我们现在看报纸的记载，竟那么靠不住。则时经百千年，辗转经若干人手的记载，假定中间人并无成见，并无恶意，已可使这材料全变一番面目；何况人人免不了他自己时代的精神：即免不了他不自觉而实在深远的改动。一旦得到一个可信的材料，自然应该拿他去校正间接史料。间接史料的错误，靠他更正；间接史料的不足,靠他弥补;间接史料的错乱,靠他整齐;间接史料因经中间人手而成之灰沉沉样,靠他改给一个活泼泼的生气象。我们要能得到前人所得不到的史料,然后可以超越前人;我们要能使用新得材料于遗传材料上,然后可以超越同见这材料的同时人。那么以下两条路是不好走的:

一、只去玩弄直接材料,而不能把他应用到流传的材料中。例如玩古董的,刻图章的。

二、对新发现之直接材料深固闭拒的,例如根据秦人小篆,兼以汉儒所新造字,而高谈文始,同时说殷墟文字是刘铁云假造的章太炎。

标举三例,以见直接、间接史料之互相为用。

例一　王国维君《殷卜辞中所见先公先王考》

王静安君所作《殷卜辞中所见先公先王考》两篇(《观堂集林》卷九),实在是近年汉学中最大的贡献之一。原文太长,现在只节录前篇的"王亥"、"王恒"、"上甲"三节,下篇的"商先王世数"一节,以见其方法。其实这个著作是不能割裂的,读者仍当取原书全看。

王君拿直接的史料,用细密的综合,得了下列的几个大结果。一、证明《史记》袭《世本》说之不虚构;二、改正了《史记》中所有由于传写而生的小错误;三、于间接材料之矛盾中(《汉书》与《史记》),取决了是非。这是史学上再重要不过的事。至于附带的发现也多。假如王君不熟习经传,这些材料是不能用的;假如熟习经传者不用这些材料,经传中关涉此事一切语句之意义及是非是不能取决的。那么,王君这个工作,正可为我们上节所数陈的主旨作一个再好不过的实例。

王亥

卜辞多记祭王亥事,《殷墟书契前编》有二事,曰"贞
袤于王亥"(卷一第四十九叶),曰"贞之于王亥,卌牛,辛
亥用"(卷四第八叶)。《后编》中又有七事,曰"贞于王
亥求年"(卷上第一叶),曰"乙巳卜□贞之于王亥十"
(下阙。同上,第十二叶),曰"贞袤于王亥"(同上第十九
叶),曰"袤于王亥"(同上第二十三叶),曰"癸卯□贞
□□高祖王亥□□□"(同上第二十一叶),曰"甲辰卜□
贞,来辛亥袤于王亥,卅牛,十二月"(同上第二十三叶),
曰"贞登王亥羊"(同上第二十六叶),曰"贞之于王亥□
三百牛"(同上第二十八叶)。《龟甲兽骨文字》有一事曰
"贞袤于王亥,五牛"(卷一第九叶)。观其祭日用辛亥,
其牲用五牛,三十牛,四十牛,乃至三百牛,乃祭礼之最隆
者,必为商之先王先公无疑。案:《史记·殷本纪》及《三
代世表》商先祖中无王亥,惟云:"冥卒,子振立;振卒,子
微立。"《索隐》"振,《世本》作核",《汉书·古今人表》
作垓。然则《史记》之振当为核,或为垓字之讹也。《大荒
东经》曰:"有璃民国,句姓而食,有人曰王亥。两手操
鸟,方食其头。王亥托于有易河伯仆牛,有易杀王亥,取仆
牛。"郭璞注引《竹书》曰:"殷王子亥,宾于有易而淫焉,
有易之君绵臣杀而放之。是故殷主甲微假师于河伯以伐有
易,克之,遂杀其君绵臣也。"(此《竹书纪年》真本,郭氏
隐括之如此。)今本《竹书纪年》:"帝泄十二年,殷侯子亥

宾于有易，有易杀而放之。十六年，殷侯微以河伯之师伐有易，杀其君绵臣。"是《山海经》之王亥。古本《纪年》作殷王子亥，今本作殷侯子亥。又前于上甲微者一世，则为殷之先祖冥之子、微之父，无疑。卜辞作王亥，正与《山海经》同。又祭王亥皆以亥日，则亥乃其正字，《世本》作核，《古今人表》作垓，皆其通假字；《史记》作振，则因与核或垓二字形近而讹。夫《山海经》一书，其文不雅驯，其中人物，世亦以子虚乌有视之；《纪年》一书，亦非可尽信者。而王亥之名竟于卜辞见之，其事虽未必尽然，而其人则确非虚构。可知古代传说存于周秦之间者，非绝无根据也。

王亥之名及其事迹，非徒见于《山海经》《竹书》，周秦间人著书多能道之。《吕览·勿躬篇》："王水作服牛。"案，篆文水作ㅅ，与亥字相似，王ㅅ亦王亥之讹。《世本·作篇》"胲作服牛"，(《初学记》卷二十九引，又《御览》八百九十九引《世本》"鲧作服牛"，鲧亦胲之讹。《路史》注引《世本》"胲为黄帝马医，常医龙"。疑引宋衷注。《御览》引宋注曰"胲，黄帝臣也，能驾牛"，又云"少昊时人，始驾牛"。皆汉人说，不足据。实则《作篇》之胲，即《帝系篇》之核也。)其证也。服牛者，即《大荒东经》之仆牛，古服、仆同音。《楚辞·天问》："该秉季德，厥父是臧，胡终弊于有扈，牧夫牛羊？"又曰："恒秉季德，焉得夫朴牛？"该即胲，有扈即有易(说见下)，朴牛亦即服牛。是《山海经》《天问》《吕览》《世本》皆以王亥为始作服牛之人。盖夏初奚仲作车，或尚以人挽之，至相土作乘马，王亥作服牛，而车之用益广。《管子·轻重戊》云："殷人之王，立帛牢服牛马以为民利，而天下化之。"盖古之有天下者，其先皆有大功德于天下。禹抑鸿水，稷降嘉种，爰启夏周。商之相土、王亥，盖亦其俦。然则王亥祀典之隆，亦以其为制作之圣人，非徒以其为先祖，周秦间王亥之传说，胥由是起也。

卜辞言王亥者九，其二有祭日，皆以辛亥，与祭大乙用乙日、祭大甲用甲日同例，是王亥确为殷人以辰为名之始，犹上甲微之为以日为名之始也。然观殷人之名，即不用日辰者，亦取于时为多，自契以下，若昭明，若昌若，若冥，皆含朝莫明晦之意，而王恒之名亦取象于月弦。是以时为名或号者，乃殷俗也。夏后氏之以日为名者，有孔甲，有履癸，要在王亥及上甲之后矣。

王恒

卜辞人名，于王亥外又有王**Ⅱ**。其文曰"贞之于王**Ⅱ**"（《铁云藏龟》第一百九十九叶及《书契后编》卷上第九叶）。又曰"贞**ξ**之于王**Ⅱ**"（《后编》卷下第七叶）。又作"王**ℓ**"，曰"贞王**ℓ**□"（下阙，《前编》卷七第十一叶）。案，**Ⅱ**即恒字。《说文解字》二部："**恒**，常也，从心，从舟在二之间，上下心以舟施恒也。**丞**，古文**恒**，从月，《诗》曰：'如月之恒。'"案，许君既云古文**恒**从月，复引《诗》以释从月之意，而今本古文乃作**丞**，从二从古文外，盖传写之讹，字当作**亘**。又《说文》木部："楒，竟也，从木，**恒**声。**亙**，古文楒。"案，古从月之字，后或变而从舟，殷虚（墟）卜辞，朝莫之朝作**𩦠**（《后编》卷下第三叶），从日月在**茻**间，与莫字从日在**茻**间同义，而篆文作**𩧋**，不从月而从舟。以此例之，亘本当作⟒。智鼎有⟒字，从心从⟒，与篆文之恒从亙者同，即恒之初字，可知亘、⟒一字。卜辞亙字从二从𝄑（卜辞月字或作𝄑或作𝄑），其为亙、亘二字或恒字之省无疑。其作𝄑者，《诗·小雅》"如月之恒"。毛传"恒，弦也"。弦本弓上物，故字又从弓。然则亙、𝄑二字确为恒字。王恒之为殷先祖，惟见于《楚辞·天问》。《天问》自"简狄在台，喾何宜"以下二十韵，皆述商事（前夏事后周事）。其问王亥以下数世事曰："该秉季德，厥父是臧。胡终弊于有扈，牧夫牛羊？干协时舞，何以怀之？平胁曼肤，何以肥之？有扈牧竖，云何而逢？击床先出，其命何从？恒秉季德，焉得夫朴牛？何往营班禄，不但还来？昏微遵迹，有狄不宁，何繁鸟萃棘，负子肆情？眩弟并淫，危害厥兄，何变化以作诈，后嗣而逢长？"此十二韵以《大荒东经》及郭注所引《竹书》参证之，实记王亥、王恒及上甲微三世之事，而《山海经》《竹书》之"有易"，《天问》作"有扈"，乃字之误。盖后人多见有扈，少见有易，又同是夏时事，故改易为扈。下文又云："昏微遵迹，有狄不宁"，昏微即上甲微，有狄亦即有易也。古狄、易二字同音，故互相通假。《说文解字》辵部，逖之古文作逷。《书·牧誓》"逖矣西土之人"，《尔雅》郭注引作"逷矣西土之人"。《书·多士》"离逖尔土"，《诗·大雅》"用逷蛮方"，《鲁颂》"狄彼东周"，《毕狄钟》"毕狄不龚"，此逖、逷、狄三字，异文同义。《史记·殷本纪》之简狄，《索隐》曰"旧本作易"，《汉书·古今人表》作简逷。《白虎通·礼乐篇》"狄者，易也"，是古狄、易二字通，有狄即有易。上甲遵迹而有易不宁，是王亥弊于有易，非弊于有扈，故曰扈当为易字之误也。狄、易二字不知孰正孰借，其国当在大河之北，或在易水左右（孙氏之骣说）。盖商之先，自冥治河，王亥迁殷（今本《竹书纪年》，帝芒三十三年，商侯迁于殷，其时商侯即王亥也。《山海经》注所引真本《竹书》，亦称王亥为殷王子亥。称殷，不称商，则今本《纪年》此条，古本想亦有之。殷在河北，非亳殷，见余撰《三代地理小记》），已由商丘越大河而北，故游牧于有易高爽之地，服牛之利，即发见于此。有易之人乃杀王亥，取服牛，所谓"胡终弊于有扈，牧夫牛羊"者也。其云"有扈牧竖，云何而逢，击床先出，其命何从"者，似记王亥被杀之事。其云"恒秉季德，焉得夫朴牛"者，恒盖该弟，与该同秉季德，复得该所失服牛也。所云"昏微遵迹，有狄不宁"者，谓上甲微能率循其先人之迹，有易与之有杀父之仇，故为之不宁也。"繁鸟萃棘"以下，当亦记上甲事，书阙有间，不敢妄为之说，然非如王逸《章句》所说解居父及象事，固自显然。要之，《天问》所说，当与《山海经》及《竹书纪年》同出一源，而《天问》就壁画发问，所记尤详，恒之一人，并为诸书所未载。卜辞之王恒与王亥，同以王称，其时代自当相接。而《天问》之该与恒，适与之相当，前后所陈，又皆商家故事，则中间十二韵自系述王亥、王恒、上甲微三世之事。然则王亥与上甲微之间，又当有王恒一世。以《世本》《史记》所未载，《山经》《竹书》所不详，而今于卜辞得之。《天问》之辞，千古不能通其说者，而今由卜辞通之，此治史学与文学者所当同声称快者也。

上甲

《鲁语》"上甲微能帅契者也,商人报焉",是商人祭上甲微,而卜辞不见上甲。郭璞《大荒东经》注引《竹书》作"主甲微",而卜辞亦不见主甲。余由卜辞有𠃊、丙、可三人名,其乙、丙、丁三字皆在匚或㇆中,而悟卜辞中凡数十见之⊞(或作⊞),即上甲也。卜辞中凡田狩之田字,其囗中横直二笔皆与其四旁相接,而人名之⊞,则其中横直二笔或其直笔必与四旁不接,与田字区别较然。⊞中十字,即古甲字(卜辞与古金文皆同)。甲在囗中,与𠃊、丙、可之乙、丙、丁三字在匚或㇆中同义。亦有囗中横直二笔与四旁接而与田狩字无别者,则上加一作⊞以别之。上加一者,古六书中指事之法,一在⊞上,与二字(古文上字)之一在一上同义,去上甲之义尤近。细观卜辞中记⊞或⊞者数十条,亦惟上甲微始足当之。卜辞中云"自⊞(或作⊞)至于多后衣"者五(《书契前编》卷二第二十五叶三见,又卷三第二十七叶,《后编》卷上第二十叶各一见),其断片云"自⊞至于多后"者三(《前编》卷二第二十五叶两见,又卷三第二十八叶一见),云"自⊞至于武乙衣"者一(《后编》卷上第二十叶)。衣者,古殷祭之名。又卜辞曰"丁卯贞,来乙亥告自⊞"(《后编》卷上第二十八叶);又曰"乙亥卜宾贞,囗大御自⊞"(同上,卷下第六叶);又曰"(上阙)贞,翌甲囗𦥯自⊞"(同上,第三十四叶)。凡祭告皆曰"自⊞",是⊞实居先公先王之首也。又曰"辛巳卜大贞之自⊞元示三牛,二示一牛,十三月"(《前编》卷三第二十二叶);又云"乙未贞,其求自⊞十又三示牛,小示羊"(《后编》卷上第二十八叶），是⊞为元示及十有三示之首。殷之先公称示，主壬、主癸，卜辞称示壬、示癸，则⊞又居先公之首也。商之先人王亥始以辰名，上甲以降皆以日名，是商人数先公当自上甲始，且⊞之为上甲，又有可征证者。殷之祭先，率以其所名之日祭之，祭名甲者用甲日，祭名乙者用乙日，此卜辞之通例也。今卜辞中凡专祭⊞者皆用甲日，如曰"在三月甲子□祭⊞"（《前编》卷四第十八叶），又曰"在十月又一（即十有一月）甲申□酹祭⊞"（《后编》卷下第二十叶），又曰"癸卯卜翌甲辰之⊞牛吉"（同上，第二十七叶），又曰"甲辰卜贞，来甲寅又伐⊞羊五卯牛一"（同上，第二十一叶）。此四事，祭⊞有日者，皆用甲日。又云"在正月□□（此二字阙）祭大甲👑⊞"（同上，第二十一叶），此条虽无祭日，然与大甲同日祭，则亦用甲日矣。即与诸先王先公合祭时，其有日可考者，亦用甲日。如曰"贞，翌甲□👑自⊞"（同上），又曰"癸巳卜贞，酹肜日自⊞至于多后衣，亡它，自□在四月，惟王二祀"（《前编》卷三第二十七叶），又曰"癸卯王卜贞，酹翌日自⊞至多后衣，亡它，在□在九月，惟王五祀"（《后编》卷上第二十叶）。此二条以癸巳及癸卯卜，则其所云之肜日、翌日，皆甲日也。是故⊞之名甲，可以祭日用甲证之。⊞字为十（古甲字）在□中，可以ᄂ、ᄀ、ᄃ三名乙、丙、丁在匚中证之，而此甲即上甲，又可以其居先公先王之首证之。此说虽若穿凿，然恐殷人复起，亦无易之矣。《鲁语》称商人"报上甲微"，《孔丛子》引《逸书》"惟高宗报上甲微"（此魏晋间伪书之未采入梅本者，今本《竹书纪年》武丁十二年报祀上甲微，即本诸此），报者盖非常祭。今卜辞于上甲,有合祭,有专祭,皆常祭也。又商人于先公皆祭,非独上甲,可知周人言殷礼已多失实,此孔子所以有文献不足之叹欤!

商先王世数

《史记·殷本纪》《三代世表》及《汉书·古今人表》所记殷君数同,而于世数则互相违异。据《殷本纪》,则商三十一帝(除大丁为三十帝),共十七世。《三代世表》以小甲、雍己、大戊为大庚弟(《殷本纪》大庚子),则为十六世。《古今人表》以中丁、外壬、河亶甲为大戊弟(《殷本纪》大戊子),祖乙为河亶甲弟(《殷本纪》河亶甲子),小辛为盘庚子(《殷本纪》盘庚弟),则增一世,灭二世,亦为十六世。今由卜辞证之,则以《殷本纪》所记为近。案,殷人祭祀中,有特祭其所自出之先王,而非所自出之先王不与者。前考所举"求祖乙(小乙)、祖丁(武丁)、祖甲、康祖丁(庚丁)、武乙衣",其一例也。今检卜辞中又有一断片,其文曰"(上阙)大甲、大庚(中阙)、丁、祖乙、祖(中阙)一、羊一、南"(下阙,共三行,左读,见《后编》卷上第五叶),此片虽残阙,然于大甲、大庚之间不数沃丁,中丁(中字直笔尚存)、祖乙之间不数外壬、河亶甲,而一世之中仅举一帝,盖亦与前所举者同例。又其上下所阙,得以意补之如左。

由此观之,则此片当为盘庚、小辛、小乙三帝时之物,自大丁至祖丁皆其所自出之先王,以《殷本纪》世数次之,并以行款求之,其文当如是也。惟据《殷本纪》,则祖乙乃河亶甲子,而非中丁子,今此片中有中丁而无河亶甲,则祖

乙自当为中丁子,《史记》盖误也。且据此则大甲之后有大庚,则大戊自当为大庚子,其兄小甲、雍己亦然,知《三代世表》以小甲、雍己、大戊为大庚弟者,非矣。大戊之后有中丁,中丁之后有祖乙,则中丁、外壬、河亶甲自当为大戊子,祖乙自当为中丁子,知《人表》以中丁、外壬、河亶甲、祖乙皆为大戊弟者非矣。卜辞又云"父甲一牡、父庚一牡、父辛一牡"(《后编》卷上第二十五叶),甲为阳甲,庚则盘庚,辛则小辛,皆武丁之诸父,故曰父甲、父庚、父辛,则《人表》以小辛为盘庚子者非矣。凡此诸证,皆与《殷本纪》合,而与《世表》《人表》不合。是故殷自小乙以上之世数,可由此二片证之;小乙以下之世数,可由祖乙、祖丁、祖甲、康祖丁、武乙一条证之。考古者得此,可以无遗憾矣。

附:殷世数异同表

帝名	《殷本纪》	《三代世表》	《古今人表》	卜辞
汤主	癸子	主癸子	主癸子	(一世)
大丁	汤子	汤子	汤子	汤子(二世)
外丙	大丁弟	大丁弟	大丁弟	
中壬	外丙弟	外丙弟	外丙弟	

大甲	大丁子	大丁子	大丁子	大丁子（三世）
沃丁	大甲子	大甲子	大甲子	
大庚	沃丁弟	沃丁弟	沃丁弟	大甲子（四世）
小甲	大庚子	大庚弟	大庚子	
雍己	小甲弟	小甲弟	小甲弟	
大戊	雍己弟	雍己弟	雍己弟	大庚子（五世）
中丁	大戊子	大戊子	大戊弟	大戊子（六世）
外壬	中丁弟	中丁弟	中丁弟	
河亶甲	外壬弟	外壬弟	外壬弟	
祖乙	河亶甲子	河亶甲子	河亶甲弟	中丁子（七世）
祖辛	祖乙子	祖乙子	祖乙子	祖乙子（八世）
沃甲	祖辛弟	祖辛弟	祖辛弟	
祖丁	祖辛子	祖辛子	祖辛子	祖辛子（九世）
南庚	沃甲子	沃甲子	沃甲子	
阳甲	祖丁子	祖丁子	祖丁子	祖丁子（十世）
盘庚	阳甲弟	阳甲弟	阳甲弟	阳甲弟（十世）
小辛	盘庚弟	盘庚弟	盘庚子	盘庚弟（十世）
小乙	小辛弟	小辛弟	小辛弟	小辛弟（十世）
武丁	小乙子	小乙子	小乙子	小乙子（十一世）
祖庚	武丁子	武丁子	武丁子	武丁子（十二世）
祖甲	祖庚弟	祖庚弟	祖庚弟	祖庚弟（十二世）
廪辛	祖甲子	祖甲子	祖甲子	
庚丁	廪辛弟	廪辛弟	廪辛弟	祖甲子（十三世）
武乙	庚丁子	庚丁子	庚丁子	庚丁子（十四世）
大丁	武乙子	武乙子	武乙子	

帝乙　大丁子　大丁子　大丁子

帝辛　帝乙子　帝乙子　帝乙子

例二　陈寅恪君《吐蕃彝泰赞普名号年代考》

例一所举虽系史学上之绝大问题,然或有人嫌其多半仍是文字学的问题,不是纯粹史学的问题(其实史学语学是全不能分者)。现在更举一个纯粹史学的考订。我的朋友陈寅恪先生,在汉学上的素养不下钱晓徵,更能通习西方古今语言若干种,尤精梵藏经典。近著《吐蕃彝泰赞普名号年代考》一文,以长庆唐蕃会盟碑为根据,"千年旧史之误书,异国译音之讹读,皆赖以订"。此种异国古文之史料至不多,而能使用此项史料者更属至少,苟其有之,诚学术中之快事也。文不长,兹全录之如下:

《吐蕃彝泰赞普名号年代考》(《蒙古源流》研究之一)(《国立中央研究院历史语言研究所集刊》第二本第一分)

小彻辰萨囊台吉著《蒙古源流》,其所纪土伯特事,盖本之西藏旧史。然取新、旧《唐书·吐蕃传》校其书,则赞普之名号,往往不同,而年代之后先,相差尤甚。夫中国史书述吐蕃事,固出于唐室当时故籍;西藏志乘,虽间杂以宗教神话,但历代赞普之名号世系,亦必有相传之旧说,决不尽为臆造。今唐蕃两地载籍互相差异,非得书册以外之实物以资考证,则无以判别二者之是非,兼解释其差异之所由来也。

《蒙古源流》卷二云"穆迪子藏（坊刊本作减，误）玛、达尔玛、持（坊刊本作特，误）松垒、罗垒、伦多卜等，兄弟五人。长子藏玛出家，次子达尔玛持松（松下略一垒字，满文本已如是）自前岁戊子纪二千九百九十九年之丙戌年所生。岁次戊戌年十三岁，众大臣会议辅立即位，岁次辛酉年三十六岁，殁。汗无子，其兄达尔玛即位"云云。按，小彻辰萨囊台吉以释迦牟尼佛涅槃后一岁为纪元。据其所推算，佛灭度之年，为西历纪元前二千一百三十四年，故其纪元前之戊子元年为西历纪元前二千一百三十三年。其所谓"自前戊子纪二千九百九十九年之丙戌年"，即西历纪元后八百六十六年，唐懿宗咸通七年。戊戌年即西历纪元后八百七十八年，唐僖宗乾符五年。辛酉年即西历纪元后九百零一年，唐昭宗天复元年。惟《蒙古源流》此节所纪达尔玛、持松垒赞普之名号年代，皆有讹误。兹先辨正其名号，兼解释其差异之所由来，然后详稽其年代之先后，以订正唐蕃两地旧史相传之讹误，或可为治唐史者之一助欤？

名号之讹误有二：一为误联二名为一名，一为承袭蒙古文旧本字形之讹而误读其音。

何谓误联二名为一名？按《唐书·吐蕃传》："赞普（指可黎可足，即彝泰赞普）立几三十年。死。以弟达磨嗣。"《资治通鉴考异》卷二十一《唐纪》十三文宗开成三年，吐蕃彝泰赞普卒，弟达磨立条云："彝泰卒及达磨立，《实录》不书。《旧传》《续会要》皆无之，今据《补国史》。"坊刊本《蒙古源流》卷二："汗（指持松垒）

无子，其兄达尔玛，癸未年所生，岁次壬戌，年四十岁，即位。因其从前在世为象时，曾设恶愿，二十四年之间，恶习相沿，遂传称为天生邪妄之朗达尔玛。"（按，藏语谓象为朗glan。）又藏文嘉刺卜经Rgyal-rabs者（闻中国有蒙文刊本，予未见），本书译本子注及《四库总目提要》，皆言其与小彻辰萨囊台吉所纪述多相符合。今据Emil Schalgintweit本《嘉刺卜经》藏文原文第十二页第十二行，其名亦为Glandarma，即本书之朗达尔玛也。而本书之持松垒，在嘉刺卜经则称为ral-pa-chan，与朗达玛为二人，章章明甚。又乾隆中敕译中文《首楞严经》为藏文时，章嘉胡图克图言此经西藏古译本为五百年前之浪达尔玛汗所毁灭云云（见《清高宗御制文集·藏译楞严经序》），持松垒与达尔玛孰为兄弟，及浪达尔玛汗是否生于乾隆前五百年，以至《首楞严经》乾隆以前有无藏文译本，皆不必论，而持松垒与达尔玛之为二人，则中国史籍、《蒙古源流》本书及西藏历世相传之旧说，无不如是。今景阳宫所藏《蒙古源流》满文译本，误联达尔玛、持松垒二名为一名，此必当日满文译者所据喀尔喀亲王成衮札布进呈之蒙文本，已有此误，以致辗转传讹，中文译本遂因而不改，即彭楚克林沁所校之中文译本（曾见江安傅氏转录本），亦误其句读。以予所见诸本，惟施密德氏Isaac Jacob Schmidt之蒙文校译本，二名分列，又未省略，实较成衮札布本为佳也。

何谓承袭蒙文旧本字形之讹而误读其音？此赞普名号诸书皆差异，今据最正确之实物，即拉萨长庆唐蕃会盟碑碑阴吐蕃文（据前北京大学研究所国学门所藏缪氏艺风堂拓本）补正其省略讹误，并解释其差异之所由来焉。

　　按长庆唐蕃会盟碑碑阴吐蕃文首列赞普名号，末书唐长庆及蕃彝泰纪元，其所载赞普之名号为 Khri-gtsug lde-brtsan。近年西北发见之藏文写本亦同（见 F. W. Thomas：Tibetan Documents Concerning Chinese Turkestan，PP. 71，72，76. Journal of the Royal Asiatic Society of Great Britain and Ireland，Jan. 1928）。兹取此碑碑阴蕃文，历校诸书，列其异同于左。

　　《新唐书·吐蕃传》："元和十二年赞普死，可黎可足立为赞普。"按，可黎可足即碑文之 Khri-gtsug，其下之 ldebrtsan 则从省略，且据此可知当时实据藏文之复辅音而对音也。

　　《资治通鉴》卷二百三十九《唐纪》五十五："宪宗元和十一年二月，西川奏吐蕃赞普卒，新赞普可黎可足立。"又卷二百四十六《唐纪》六十二："文宗开成三年吐蕃彝泰赞普卒，弟达磨立。"按会盟碑碑阴末数行吐蕃年号为 Skyid-rtag，即彝泰之义，然则可黎可足之号为彝泰赞普者实以年号称之也。

　　《菩提末》（Bodhimör）　此书纪赞普世系，实出于藏文之《嘉刺卜经》，据施密德氏蒙文《蒙古源流》校译本第三百六十页所引《菩提末》之文，此赞普之名为 Thi-aTsong-1Te-bDsan。按此书原文予未见，此仅据施密德氏所转写之拉丁字而言，Thi 者藏文 Khri 以西藏口语读之之对音，严格言之，当作 Thi。1Te 者据会盟碑蕃文应作 lDe，蒙文 dt 皆作 ꝗ 形无分别，bDsan 即碑文及西北发见之藏文写本之brTsan，此乃施密德氏转写拉丁字之不同（藏文古写仅多一r），非原文之有差异也。惟atsong一字，则因蒙文字形近似而讹，盖此字依会盟碑蕃文本，及西北发见之藏文写本，应作gtsug，蒙文转写藏文之ᄀ（g）作ᄀ形，转写藏文之ᄋ（a）（或作h）作ᄉ形，ug或ük作ᄝ形，ung或ong作ᄝ形，字体极相似故讹。或《菩提末》原书本不误，而读者之误，亦未可知也。

《蒙古源流》施密德校译本　据此本，此赞普名作Thi-btsonglte，此名略去名末之brtsan。至btsong者，gtsug之讹读，藏文ᄀ（g）字，蒙文作ᄉ，与蒙文之（b）字形近故讹，蒙文之ug转为ük亦以形近误为ong，见上文《菩提末》条。

《蒙古源流》满文译本　《蒙古源流》中文译本非译自蒙文，乃由满文而转译者，今成衮扎布进呈之蒙文原本，虽不可得见（予近发见北平故宫博物院藏有《蒙古源流》之蒙文本二种：一为写本，一为刊本。沈阳故宫博物馆亦藏有蒙文本，盖皆据成衮札布本抄写刊印者也）。幸景阳宫尚藏有满文译本，犹可据以校正中文译本也。按满文本，此赞普名凡二见，一作Darmakriltsung-Lui，一作Darmakribtsung，皆略去Brtson字，此名误与达尔玛之名联读，已详上文。惟藏文之Khri，满文或依藏文复辅音转写，如此名之Kni即其例，或依西藏口语读音转写，如持苏陇德灿（Cysurong tetsan）之Cy（满文ᄝ）即其例，盖其书之对音，先后殊不一致也。ung乃ug转为ük之误，见上文《菩提末》条。又藏文LDe所以讹成垒者，以蒙文t字、d字皆作d形，o字、u字皆作d形，又e字及i字结尾之形作ᄀ及

ﻟ，皆极相似，颇易淆混，故藏文之LDe，遂讹为满文之Lui 矣。或者成衮札布之蒙文原本，亦已讹误，满文译本遂因 袭而不知改也。

文津阁本及坊刊本汉译《蒙古源流》　　中文《蒙古源 流》既译自满文，故满文译本之误，中文译本亦因袭不改。 此二本中，此赞普名一作达尔玛持松垒，一作达尔玛持松， 满文Kri作持者，依藏文口语读之也。按义净以中文诧为 梵文tha字对音（见高楠顺次郎英译《南海寄归内法传》）， 则thi字固可以满文之ﯤ（Cy）字，中文之持字对音。又此 本持字俱作特，乃误字，而先后校此书者皆未改正。松字 乃满文Tsung之对音，其误见上文《菩提末》条。

蒙文书社本汉译《蒙古源流》　　此本此赞普名一作 （达尔玛）哩卜崇垒，一作（达尔玛）持松哩卜崇。第一名 作哩者，依满文Kri而对哩音；其作卜者，满文译本固有b 字音也。第二名则持哩二字重声，松崇二字亦垒音，殆当 时译者并列依原字及依口语两种对音，而传写者杂糅为 一，遂致此误欤？余见上文。

此赞普之名号既辨正，其年代亦可得而考焉。《唐会 要》卷九十七："元和十一年西川奏吐蕃赞普卒，十二年吐 蕃告哀使论乞冉献马十匹，玉带金器等。"《旧唐书·吐蕃 传》："宪宗元和十二年吐蕃以赞普卒来告。"《新唐书》： "宪宗元和十二年赞普死，使论乞髯来（告丧），可黎可足 立为赞普。"《资治通鉴》卷二百三十九《唐纪》五十五： "宪宗元和十一年二月西川奏吐蕃赞普卒，新赞普可黎 可足立。"《新唐书·吐蕃传》："赞普立（指可黎可足）

几三十年，死，以弟达磨嗣。"《资治通鉴》卷二百四十六
《唐纪》六十二："文宗开成三年吐蕃彝泰赞普卒，弟达磨
立。"《资治通鉴考异》卷二十一《唐纪》十三，会昌二年
十二月吐蕃来告达磨赞普之丧，略云"《实录》丁卯吐蕃赞
普卒，遣使告丧，赞普立仅三十余年，据《补国史》，彝泰卒
后，又有达磨赞普，此年卒者，达磨也。《文宗实录》不书彝
泰赞普卒，《旧传》及《续会要》亦皆无达磨，《新书》据《补
国史》，疑《文宗实录》阙略，故他书皆因而误。彝泰以元
和十一年立，至此二十七年，然开成三年已卒，达磨立至此
五年，而《实录》云仅三十年，亦是误以达磨为彝泰也。"
《蒙古源流》卷二："持松垒岁次戊戌，年十三岁。众大臣
会议辅立即位，在位二十四年，岁次辛酉，三十六岁殁。"据
小彻辰萨囊台吉书所用之纪元推之，戊戌为唐僖宗乾符五
年，西历纪元后八百七十八年；辛酉年为唐昭宗天复元年，
西历纪元后九百零一年。(诸书之文，前已征引，兹再录之
以便省览而资比较。)按《蒙古源流》所载年代太晚，别为
一问题，姑于此不置论。而诸书所记彝泰赞普嗣立之年，
亦无一不误者。何以言之？唐蕃会盟碑碑阴蕃文，唐蕃年
号并列，唐长庆元年，当蕃彝泰七年；长庆二年，当彝泰八
年；长庆三年，当彝泰九年。又《新唐书·吐蕃传》："长庆
二年刘元鼎使吐蕃会盟还，虏元师尚塔藏馆客大夏川，集
东方节度诸将百余，置盟策台上，遍晓之，且戒各保境，毋
相暴犯，策署彝泰七年"云云。考《旧唐书·吐蕃传》，长
庆元年十月十日命崔植、王播、杜元颖等与吐蕃大将讷罗
论等会盟于长安，盟文末有大蕃赞普及宰相钵阐布尚绮心

儿等先寄盟文要节之语,则是刘元鼎长庆二年所见虏帅遍晓诸将之盟策,即前岁长庆元年之盟策,故彝泰七年即长庆元年,而非长庆二年。梁曜北玉绳《元号略》及罗雪堂振玉丈重校订《纪元编》,皆据此推算,今证以会盟碑碑阴蕃文,益见其可信。故吐蕃可黎可足赞普之彝泰元年,实当唐宪宗元和十年,然则其即赞普之位至迟亦必在是年。《唐会要》、新、旧《唐书》及《资治通鉴》所载年月,乃据吐蕃当日来告之年月,而非当时事实发生之真确年月也。又《蒙古源流》载此赞普在位二十四年,不知其说是否正确,但宪宗元和十年,即西历纪元后八百十五年,为彝泰元年;文宗开成三年,即西历纪元后八百三十八年,亦即《补国史》所纪可黎可足赞普卒之岁,为彝泰末年,共计二十四年,适相符合。予于《蒙古源流》所纪年岁,固未敢尽信,独此在位二十四年之说,与依据会盟碑等所推算之年代,不期而暗合,似非出于臆造所能也。

综校诸书所载名号年代既多讹误,又复互相违异,无所适从。幸得会盟碑阴残字数行,以资考证,千年旧史之误书,异国译音之讹读,皆赖以订正。然中外学人考证此碑之文,以予所知,尚未有证论及此者,故表而出之,使知此逻逤片石,实为乌斯赤岭(此指拉萨之赤岭而言)之大玉天球,非若寻常碑碣,仅供揽古之士赏玩者可比也。

例三 《集古录》与《潜研堂金石文字跋尾》

以金文证经典虽为较近之事,然以石文校史事,宋朝人已能为之。如欧阳永叔《集古录跋尾》，其中颇有胜义，即如下例，可见其旨趣。

> 《魏受禅碑》……按，《汉·献帝纪》，延康元年十月乙卯，皇帝逊位，魏王称天子。又按《魏志》，是岁十一月葬士卒死亡者，犹称令。是月丙午（集本作寅），汉帝使张愔奉玺绶。庚午，王升坛受禅，又是月癸酉，奉汉帝为山阳公。而此碑云："十月辛未，受禅于汉。"三家之说皆不同。今据裴松之注《魏志》，备列汉魏禅代诏册书令群臣奏议甚详。盖汉实以十月乙卯策诏魏王，使张愔奉玺绶，而魏王辞让，往返三四，而后受也。又据侍中刘廙奏问太史令许芝，今月十七日己未，可治坛场；又据尚书令桓阶等奏云，辄下太史令，择元辰，今月二十九日，可登坛受命。盖自十七日己未，至二十九日，正得辛未。以此推之，汉魏二纪皆谬，而独此碑为是也。《汉纪》乙卯逊位者，书其初命，而略其辞让往返，遂失其实尔。《魏志》十一月癸卯犹称令者，当是十月，衍一字尔。丙午张愔奉玺绶者，辞让往返，容（集本作殆）有之也。惟庚午升坛最为谬尔。癸卯去癸酉三十一日，不得同为十一月，此尤谬也。禅代，大事也，而二纪所书如此，则史官之失，以惑后世者，可胜道哉？

北宋人的史学分析工夫到这个地步，所以才能有《唐书》《通鉴》那样的制作。到了近代顾亭林、朱竹垞等，以石文校史书，时有精论，而钱竹汀"乃尽……出其上，遂为古今金石学之冠"（见《集古录跋尾·王昶序》）。《廿二史考异》《金石文之跋尾》,皆同一意义之工作,现在摘录两条,以见其精诣所至。其实竹汀此书论石各篇,皆是精能之作,原书易得,不复多举。

《后魏孝文帝吊比干文碑阴》:……《北史》太和十九年,诏迁洛人死葬河南,不得还北,于是代人南迁者悉为河南洛阳人。又云,太和二十年正月,诏改姓元氏。今此碑立于太和十八年冬,宗室已系元姓,代人并称河南郡,则史所载岁月恐未得其实矣。诸臣称河南郡者,元氏而外,若丘目陵氏、万忸于氏、侯莫陈氏、乙旃氏、叱罗氏、吐难氏、伊娄氏、独孤氏、拔拔氏、莫耐娄氏,并见《魏书·官氏志》,而译字小有异同。如丘目陵之目作穆,万忸于之万作勿,吐难之吐作土,莫耐娄之耐作那,是也。陆氏本步六孤氏。太和十九年,诏称穆陆贺刘楼于嵇尉八姓,皆太祖已降勋著当世位尽王公者也。穆即丘目陵,于即万忸于,刘即独孤。诸人皆未改氏,而陆昕等已单称陆氏,而陆氏之改又在穆贺诸姓之先矣。大野氏、郁久同氏、侯吕氏,魏志俱失载。以予考之,郁久同乃蠕蠕姓,后亦单称同氏。《周书》太祖赐韩褒姓侯吕陵氏(此《广韵》所引,今本侯讹作佚),当即侯吕氏也。后魏末有南州刺史大野拔,大野亦代北著姓矣。又有佚文福一人,则未知其侯氏欤(《官氏志》侯奴氏后改侯氏),抑别有佚文氏也?若干氏贺拔氏不称河南而称代郡,盖代人之未南迁者。斛律氏称高车部人,虽入处中国,尚未有所隶州县也。冯诞以尚乐安公主拜驸马都尉,此但云驸马而去都尉。从俗称也。史称傅永字脩期,此直云傅脩期,盖以字行也。公孙良据传为燕郡广阳人，此云辽东郡，则举郡望言之。于劲尝为司卫监，李预兼典命下大夫，皆本传所未载。陆昕传作昕之，当以石刻为正。其书姑臧为姑藏，河间为河涧，龙骧为虨骧，傅脩期作傅脩期，皆当时承用别体字，若万忸于之或作乎，陆希道作怖道，则翻刻之讹。（此段以石文订史所记。）

《后魏石门铭》 右《石门铭》，盖述龙骧将军梁秦二州刺史泰山羊祉开通石门之功。《魏书·宣武纪》："正始四年九月甲子，开斜谷旧道。"即其事也。碑云："起四年十月十日，至永平二年正月毕功。"而史书于四年九月者据奉诏之日言之耳。《北史·羊祉传》不书开斜谷道事，此史文之阙漏，当据石刻补之。碑云"皇魏正始元年汉中献地"，即梁天监三年也。是岁夏侯道迁背梁归魏，《梁史》书"魏陷梁州"于二月，当得其实。魏收史书于闰十二月，温公《通鉴》据长历梁置闰在次年正月，后遂移于后一年，非也（订历）。

《唐景龙三年法琬法师碑》 右《法琬法师碑》。法琬，中宗之三从姑，太祖景皇帝之玄孙女也。父临川公德懋，尝官宗正卿，兵部尚书，谥曰孝，皆史所不载。史称永徽二年，襄邑王神符薨。而碑云六年薨，与史不合。据碑，法琬以襄邑王薨之岁奏请出家，时年十有三。垂拱四年卒，春秋卌有九。今以永徽六年年十有三推之，只四十六岁耳。窃意神符薨于永徽二年，史文未必误。其年德懋请舍所爱女为亡父祈福，奉勒听许，而法琬之出家则在其明年，年始十三也。碑以二年为六年，特书者之误尔（此段以史所记订石文）。

最近三十年中，缪荃荪、罗振玉、王国维皆于石刻与史传之校正工夫上续有所贡献，然其造诣之最高点，亦不过如钱竹汀而已。

例四　流沙坠简

近来出土之直接史料，可据以校正史传者，尚有西陲所得汉简。此种材料，法人沙畹、德人康拉地皆试为考证，而皆无大功，至王静安君手，乃蔚成精美之史事知识。现录其一段如下（《流沙坠简补遗考释》第一页）：

三、晋守侍中大都尉奉晋大侯亲晋鄯善、焉耆、龟兹、疏勒

四、于阗王写下诏书到

右二简文义相属，书迹亦同，实一书之文，前排比简文印本时，尚未知其为一书，故分置两页中，今改正如右。亦行下诏书之辞也。晋守侍中大都尉奉晋大侯亲晋鄯善、焉耆、龟兹、疏勒、于阗王者，若析言之，则当云，晋守侍中大都尉奉晋大侯亲晋鄯善王，晋守侍中大都尉奉晋大侯亲晋焉耆王，以下仿此。盖晋时西域诸国王皆得守侍中大都尉奉晋大侯位号。以此十字冠于五国王之上，而不一一言之者，文例宜然，亦如亲晋二字之为五国王通号，此人人所易首肯也。案，中国假西域诸国王以官号，自后汉始。《后汉书·西域传》，光武建武五年，河西大将军窦融承制立莎车

王康为汉莎车建功怀德王西域大都尉,五十五国皆属焉。十七年,更赐以汉大将军印绶。顺帝永建二年,疏勒王臣磐遣使奉献,帝拜臣磐为与汉大都尉,其子孙至灵帝时犹称之(案,传但言拜臣磐为汉大都尉,汉字上无与。然下文云,疏勒王与汉大都尉于猎中为其季父和得所射杀,时疏勒王外,非别有汉大都尉,不得言与。疑与汉二字当连读,与汉犹言亲汉也。上云拜臣磐为汉大都尉,汉字上脱与字。)《魏略·西戎传》,魏赐车师后部王壹多杂守魏侍中,号大都尉,受魏王印,此西域诸王受中国官号之见于史籍者也。考汉魏时本无大都尉一官,求其名称,实录都护而起。前汉时本以骑都尉都护西域(见《汉书·百官公卿表》及《甘延寿、段会宗传》),后遂略称西域都护。新莽之后,都护败没,故窦融承制拜莎车王康为西域大都尉,使暂统西域诸国,惟不欲假以都护之名,又以西域诸国本各有左右都尉,故名之曰西域大都尉,使其号与西域都护骑都尉相坿云尔。嗣是莎车既衰,而疏勒王称与汉大都尉,魏车师后部王又单称大都尉,皆不冠以西域二字,其号稍杀。故此简西域诸国王皆有此位号,疑自魏时已然矣。或以此简之晋守侍中大都尉与魏赐车师后部王位号同,又下所举五王中无车师后王,疑此亦晋初车师后王之称,故此简之中实得六国。然魏时车师后王既受王印,则其号当云魏守侍中大都尉亲魏车师后部王,今但云晋守侍中大都尉,但举其所受中国官号,而不著其本国王号,必无此理。故曰,晋守侍中大都尉者,乃鄯善、焉耆、龟兹、疏勒、于阗王之公号也。奉晋大侯亦然。以国王而受晋侯封,故谓之大侯，以别于西域诸国之左右侯，亦犹大都尉之称，所以别于诸国之左右都尉也。亲晋某王者，亦当时诸国王之美称。案，汉时西域诸国王但称汉某国王，《汉书·西域传》云，西域凡国五十，自译长至侯王皆佩汉印绶，凡三百七十六人。其印文虽无传者，然《匈奴传》云，汉赐单于印，言玺不言章，又无汉字。诸王以下乃有汉，言章。西域诸王虽君一国，然其土地、人民尚不如匈奴诸王，则汉所赐印必云汉某某王章，无疑也。后汉之初，莎车王号尚冠以汉字，中叶以后，始有亲汉之称。《后书·西域传》，顺帝永建元年，班勇上八滑为后部亲汉侯。然但为侯号而非王号，其王犹当称汉某某王也。唯建安中封鲜卑沙末汗为亲汉王，魏晋封拜皆袭此称，如《魏志·外国传》有亲魏倭王，古印章有亲晋羌王、亲赵侯等是也。其官号上冠以魏晋字者，所以荣之，其王号上冠以亲魏、亲晋字而不直云魏晋者，所以示其非纯臣也。此简所举五国，西域长史所辖殆尽于此。案，西域内属诸国，前汉末分至五十，后汉又并为十余，至魏时仅存六七。《魏略》言且末小宛精绝楼兰（此谓楼兰城）皆并属鄯善，戎卢扜弥渠勒皮穴（《汉书》作皮山）皆属于阗，尉犁危须山王国皆并属焉者，姑墨温宿尉头皆并属龟兹，桢中莎车竭石渠沙西夜依耐蒲犁億若榆令捐毒休脩（《汉书》作休循）琴国皆并属疏勒，且弥单桓毕陆（《汉书》作卑陆）、蒲陆（《汉书》作蒲类）、乌贪（《汉书》作乌贪訾离）诸国皆并属车师。此外汉时属都护诸国，惟乌孙尚存，仍岁朝贡，见于《魏志》。然乌孙国大地远，其事中国亦当与康居大月氏同科，自后汉以来盖已不属都护长史。则魏时西域内属诸国，仅上六国而已。右简所举又少车师一国，盖晋初车师后部当为鲜卑所役属。《魏志·鲜卑传》注引王沈《魏书》云，鲜卑西部西接乌孙。《晋书·武帝纪》，咸宁元年六月，西域戊巳校尉马循讨叛鲜卑破之。二年，鲜卑阿罗多等寇边，西域戊巳校尉马循讨之。时鲜卑当据车师后部之地，故能西接乌孙，南侵戊巳校尉治所矣。右简令诸国王写下诏书，而独不云车师王者，当由于此。然则晋初属西域长史诸国，惟鄯善、焉耆、龟兹、疏勒、于阗五国而已。此西域诸国之大势，得由右简知之者也。此简所出之地，当汉精绝国境，《后书》言后汉明帝时精绝为鄯善所并，而斯氏后十年在此地所得木简见于本书简牍遗文中者，其中称谓有大王、有王、有夫人，隶书精妙，似后汉桓灵间书。余前序中已疑精绝一国汉末复有独立之事，今此简中无精绝王，而诏书乃到此者，必自鄯善或于阗传写而来，可见精绝至晋初又为他国所并矣。自地理上言之，则精绝去于阗近，而去鄯善较远，自当并属于阗，而《魏略》则云并属鄯善，然无论何属，此时已无精绝国可知。此尼雅一地之沿革，得由右简知之也。二简所存者不及三十字，而足以裨益史事如此。然非知此二简为一书，亦不能有所弋获矣。

例五　吴大澂"文"字说

以上所举的几个例之外，尚有其他近来出土之直接史料，足以凭借着校正或补苴史传者。例如敦煌卷子中之杂件，颇有些是当时的笺帖杂记之类，或地方上的记载，这些真是最好的史料。即如《张氏勋德记》等，罗振玉氏据之以成《补唐书张义潮传》(丙寅稿第一叶至四叶)。可见史料的发见，足以促成史学之进步，而史学之进步，最赖史料之增加。不过这些文字，或太长，或太琐，不便举列，故今从阙。

近数十年来最发达的学问中，金文之研究是一个大端。因金文的时代与诸史不相涉(除《史记》一小部外)，而是《诗》《书》的时代，所以金文之研究看来似只有裨于经学，然经学除其语言文字之部分外，即是史学智识。不过金文与《诗》《书》所记不相干者多，可以互补，可以互校文字文体之异同，而不易据以对勘史事。虽金文中有很多材料，可以增加我们对于古代史事知识，但，求到这些知识，每每须经过很细的工夫，然后寻出几件来。因此，关于金文学之精作虽多，而专于诗书时代史事作对勘之论文，还不曾有。此等发明，皆零零碎碎，散见各书中。现在且举吴大澂君"文"字说，以为一例。此虽一字之校定，然《大诰》究竟是谁的档案，可以凭此解决这个二千年的纷扰。《大诰》一类极重要的史料赖一字决定其地位，于此可见新发见的直接史料，对于遗传的间接史料，有莫大之补助也。

　　"文"字　书文侯之命，"追孝于前文人"。《诗·江汉》："告于文人。"《毛传》云："文人，文德之人也。"潍县陈寿卿编修介祺所藏兮仲钟云："其用追孝于皇考己伯，用侃喜前文人。"《积古斋钟鼎彝器款识·追敦》云："用追孝于前文人。"知"前文人"三字为周时习见语。乃《大诰》误"文"为"宁"，曰："予曷其不于前宁人图功攸终。"曰："予曷其不于前宁人攸受休毕。"曰："天亦惟休于前宁人。"曰："率宁人有指疆土。""前宁人"实"前文人"之误。盖因古文文字有从心者，或作㝉，或作㝉，或又作㝉。壁中古文《大诰》篇，其"文"字必与"宁"字相似，汉儒遂误释为"宁"。其实《大诰》乃武王伐殷大诰天下之文，宁王即文王，宁考即文考，"民献有十夫"，即武王之乱臣十人也。"宁王遗我大宝龟"，郑注"受命曰宁王"，此不得其解而强为之说也。既以宁考为武王，遂以《大诰》为成王之诰。不见古器，不识真古，安知"宁"字为"文"之误哉？

以上所标七例，皆新发见的直接史料与自古相传的间接史料相互勘补的工作。必于旧史史料有工夫，然后可以运用新史料；必于新史料能了解，然后可以纠正旧史料。新史料之发见与应用，实是史学进步的最要条件；然而但持新材料，而与遗传者接不上气，亦每每是枉然。从此可知抱残守缺，深固闭拒，不知扩充史料者，固是不可救药之妄人；而一味平地造起，不知积薪之势，相因然后可以居上者，亦难免于狂狷者之徒劳也。

第二节　官家的记载对民间的记载

官家记载和私家记载的互有短长处，也是不能一概而论的。大约官书的记载关于年月、官职、地理等等，有簿可查有籍可录者，每较私记为确实；而私家记载对于一件事的来源去脉，以及"内幕"，有些能说官书所不能说，或不敢说的。但这话也不能成定例，有时官书对于年月也很会错的，私书说的"内幕"更每每是胡说的。我们如想作一命题而无违例，或者可说，一些官家凑手的材料,及其范围内之记载,例如表、志、册子、簿录等,是官家的记载好些,而官家所不凑手或其范围所不容的材料,便只好靠私家了。不过这话仿佛像不说,因为好似一个"人者,人也"之循环论断,我们还是去说说他们彼此的短处罢。

官家的记载时而失之讳。这因为官家总是官家,官家的记载就是打官话。好比一件新闻记者,想直接向一位政府的秘书之类得到一件国家要害大事之内容,如何做得到? 势必由间接的方法,然后可以风闻一二。

私家的记载时而失之诬。人的性情,对于事情,越不知道越要猜,这些揣猜若为感情所驱使,便不知造出多少故事来。史学的正宗每每不喜欢小说。《晋书》以此致谤;《三国志注》以此见识。建文皇帝游云南事,明朝人谈得那样有名有姓,有声有色,而明史总只是虚提一笔。司马温公的《通鉴》虽采小说,究竟不过是借着参考,断制多不从小说;而他采《赵飞燕外传》的"祸水"故事,反为严整的史家所讥。大约知道一件事内容者,每每因自己处境的关系不敢说,不愿说,而不知道者偏好说,于是时时免不了胡说。

论到官家记载之讳,则一切官修之史皆是好例,所修的本朝史尤其是好例。禅代之际,一切欺人孤儿寡妇的逆迹;剪伐之朝,一切凶残淫虐的暴举,在二十四史上那能看得出好多来呢? 现在但举一例:满洲的人类原始神话,所谓天女朱果者,其本地风光的说法,必不合于汉族之礼化,于是汉士修满洲原始之史,不得不改来改去,于是全失本来的意义。[陈寅恪先生语我云:王静安在清宫时有老阉导之看坤宁宫中跳神处,幔后一图,女子皆裸体,而有一男老头子。此老阉云:宫中传说这老头子是卖豆腐的。此与所谓天女者当有若何关系。今如但看满洲祀天典礼，或但看今可见坤宁宫中之杀猪处，何以知跳神之礼，尚有此"内幕"耶？（犹之乎顺治太后下嫁摄政王，在清朝国史上是找不出一字来的。）其实此等事照满洲俗未可谓非，汉化亦未可谓是。史事之经过及其记载皆超于是非者也。（"Jenseits von Gut und Bose."）〕清朝人修的《太祖实录》，把此一段民间神话改了又改，越改越不像。一部二十四史经过这样手续者，何其多呢？现在把历史语言研究所所藏的稿本影印一叶以见史书成就的一个大手续——润色的即欺人的手续。

论到私书记载之诬，则一切小说稗史不厌其例。姑举两个关系最大谬的。元庚申帝如非元明宗之子，则元之宗室焉能任其居大汗之统者数十年，直到窜至漠北，尚能致远在云南之梁王守臣节？而《庚申外史》载其为宋降帝瀛国公之子，则其不实显然。这由于元代七八十年中汉人终不忘宋，故有此种循环报应之论。此举韩山童之建宋号，是同一感情所驱使的。又如明成祖，如果中国人是个崇拜英雄的民族，则他的丰功伟烈，确有可以崇拜处，他是中国惟一的皇帝能跑到漠北去打仗的。但中国人并不是个英雄崇拜的民族，（这个心理有好有坏。约略说，难于组织，是其短处，难于上当，是其长处。）而明成祖的行为又极不合儒家的伦理，而且把"大儒"方正学等屠杀得太惨酷了，于是明朝二百余年中，士人儒学没有诚心说成祖好的。于是乎为建文造了一些逊国说，为永乐造了一个"他是元朝后代的"的骂语（见《广阳杂记》等）。这话说来有两节，一是说永乐不是马后生，而是硕妃生，与周王同母，此是《国榷》等书的话。一是说硕妃为元顺帝之高丽妾，虏自燕京者，而成祖实为庚申帝之遗腹子。(此说吾前见于一笔记,一时不能举其名,待后查。)按硕妃不见明《后妃传》,然见《南京太常寺志》。且成祖与周王同母,隐见于《明史·黄子澄传》,此说当不诬妄。至其为元顺帝遗腹说,则断然与年代不合。成祖崩于永乐二十二年(1424),年六十五,其生年实为元顺帝至正二十年(1360)四月,去明兵入燕尚有十年(洪武元年为1368),冒填年龄不能冒填到十年。且成祖于洪武三年封燕王,十三年之藩。如为元顺帝遗腹子,其母为掠自北平者,则封燕王时至多两岁,就藩北平时至多十二岁;两岁封王固可,十二岁就藩则不可能。以明太祖之为人,断无封敌子于胜国故都,新朝第一大藩之理。此等奇谈,只是世人造来泄愤的,而他人有同样之愤,则喜而传之。(至于硕妃如为高丽人,或是成祖母,皆不足异。元末贵人多蓄高丽姬,明祖起兵多年,所虏宦家当不少也。惟断不能为庚申帝子耳。)所以《明史》不采这些胡说,不能因《明史》的稿本出自明遗臣,故为之讳也。《清史稿》出于自命为清遗臣者,亦直谓康熙之母为汉人辽东著姓佟氏也。

官府记载与野记之对勘工夫,最可以《通鉴考异》为例。此书本来是记各种史料对勘的工夫者,其唐五代诸卷,因民间的材料已多,故有不少是仿这样比较的。因此书直是一部史料整理的应用逻辑,习史学者必人手一编,故不须抄录。

第三节　本国的记载对外国的记载

本国的记载之对外国的记载,也是互有短长的,也是不能一概而论的。大致说起,外国或是外国人的记载总是靠不住的多。传闻既易失真，而外国人之了解性又每每差些，所以我们现在看西洋人作的论中国书，每每是隔靴搔痒，简直好笑，然而外国的记载也有他的好处，他更无所用其讳。承上文第二节说，我们可说，他比民间更民间。况且本国每每忽略最习见同时却是最要紧的事，而外国人则可以少此错误。譬如有一部外国书说，中国为蓝袍人的国（此是几十年前的话），这个日日见的事实，我们自己何尝感觉到呢？又譬如欧美时装女子的高跟鞋，实与中国妇女之缠足在心理及作用上无二致，然而这个道理我们看得明显，他们何尝自觉呢？小事如此，大者可知。一个人的自记是断不能客观的，一个民族的自记又何尝不然？本国人虽然能见其精细，然而外国人每每能见其纲领。显微镜固要紧，望远镜也要紧。测量精细固应在地面上，而一举得其概要，还是在空中便当些。这道理太明显，不必多说了。例也到处都是，且举一个很古的罢。

> （《史记·大宛传》）自大宛以西至安息国，虽颇异言，然大同俗，相知言。其人皆深眼，多须髯。善市贾，争分铢。俗贵女子；女子所言而丈夫乃决正。

这不简直是我们现在所见的西洋人吗？（这些人本是希腊波斯与土人之混合种，而凭亚里山大之东征以携希腊文化至中亚者。）然而这些事实：（一）深眼，（二）多须髯，（三）善市贾，（四）贵女子，由他们自己看来，都是理之当然，何必注意到呢？外国人有这个远视眼，所以虽马哥孛罗那样糊涂荒谬，乱七八糟的记载，仍不失为世上第一等史料；而没有语言、学人类学发达的罗马,不失其能派出一个使臣答西涂斯(Tacitus)到日耳曼回来,写一部不可泯灭的史料(De Cermania)。

第四节　近人的记载对远人的记载

这两种记载的相对是比较容易判别优劣的。除去有特别缘故者以外,远人的记载比不上近人的记载。因为事实只能愈传愈失真,不能愈传愈近真,譬如李心传的《建炎以来系年要录》,其中多有怪事,如记李易安之改嫁,辛稼轩之献谀,文人对此最不平,我也曾一时好事将此事记载查看过一回,觉得实在不能不为我们这两位文人抱冤。这都由于这位作者远在西蜀,虽曾一度参史局,究未曾亲身经验临安的政情文物;于是有文书可凭者尚有办法,其但凭口传者乃一塌糊涂了。这个情由不待举例而后明。

第五节　不经意的记载对经意的记载

记载时特别经意,固可使这记载信实,亦可使这记载格外不实,经意便难免于有作用,有作用便失史料之信实。即如韩退之的《平淮西碑》,所谓"点窜《尧典》《舜典》字,涂改《清庙》《生民》诗"者,总算经意了罢;然而用那样《诗》《书》的排场,那能记载出史实来? 就史料论,简直比段成式所作的碑不如。不经意的记载,固有时因不经意而乱七八糟,轻重不忖,然也有时因此保存了些原史料,不曾受"修改"之劫。

例如《晋书》《宋史》,是大家以为诟病的。《晋书》中之小说,《宋史》中之紊乱,固是不可掩之事实;然而《晋书》却保存了些晋人的风气,《宋史》也保存了些宋人的传状。对于我们,每一书保存的原料越多越好,修理得越整齐越糟。反正二十四史都不合于近代史籍的要求的,我们要看的史料越生越好!然则此两书保存的生材料最多,可谓最好。《新五代史记》及《明史》是最能锻炼的,反而糟了。因为材料的原来面目被他的锻炼而消灭了。班固引时谚曰:"有病不治,常得中医。"抄账式的修史,还不失为中医,因为虽未治病,亦未添病,欧阳《五代史记》的办法,乃真不了,因为乱下药,添了病。

第六节　本事对旁涉

本事对旁涉之一题,看来像是本事最要,旁涉则相干处少,然而有时候事实恰恰与此相反。因为本事经意,旁涉不经意,于是旁涉有时露马脚,而使我们觉得实在另是一回事,本事所记者反不相干矣。有时这样的旁涉是无意自露的,也有时是有意如此隐着而自旁流露个线索的,这事并不一样。也有许多既非无意自露,又非有意自旁流露,乃是考证家好作假设,疑神疑鬼弄出的疑案。天地间的史事,可以直接证明者较少,而史学家的好事无穷,于是求证不能直接证明的,于是有聪明的考证,笨伯的考证。聪明的考证不必是,而是的考证必不是笨伯的。

史学家应该最忌孤证,因为某个孤证若是来源有问题,岂不是全套议论都入了东洋大海吗?所以就旁涉中取孤证每每弄出"亡是公子"、"非有先生"来。然若旁涉中的证据不止一件,或者多了,也有很确切的事实发见。举一例:汉武帝是怎么样一个人,《史记》中是没有专篇的,因为"今上本纪"在西汉已亡了。然而就太史公东敲西击所叙,活活的一个司马迁的暴君显出来,这虽不必即是真的汉武帝,然司马子长心中的汉武帝却已借此出来了。

第七节　直说与隐喻

我们可说,这只是上节本事对旁涉的一种;不过隐喻虽近旁涉,然究不可以为尽等于旁涉,故另写此一节。凡事之不便直说,而作者偏又不能忘情不说者,则用隐喻以暗示后人。有时后人神经过敏,多想了许多,这是常见的事。或者古人有意设一迷阵,以欺后人,而恶作剧,也是可能的事。这真是史学中最危险的地域呵!想明此例,且抄俞平伯先生《〈长恨歌〉及〈长恨歌传〉的传疑》一篇(抄全实太长,然不抄全无以明其趣)。

《长恨歌》及《长恨歌传》的传疑

尝读元人《秋夜梧桐雨》杂剧,写马嵬之变。玉环之尸被军马践踏,不复收葬,其言颇闪烁牵强。至洪昉思《长生殿》则以尸解了之,而改葬之时,便曰:"惨凄凄一匡空墓,杳冥冥玉人何去!"两剧写至此处,均作曲笔。而《长生殿·雨梦》一折更有新说,惟托之于梦。其词曰:"只为当日个乱军中祸殃惨遭,悄地向人丛里换妆隐逃,因此上流落久蓬飘。"而评者则曰:"才情竭处忽生幻想,真有水穷山尽坐看云起之妙。"洪君此作自为文章狡狯,以波折弄姿,别无深意;但以予观之,此说殆得《长恨歌》及《长恨歌传》之本旨。兹述其所见于后，佐证缺少，难成定论，姑妄言之，姑忘听之，亦所不废乎？

　　若率意读之，《长恨歌》既已乏味，而传尤为蛇足。歌中平铺直叙，婉曲之思与凄艳之笔并少，视《琵琶行》《连昌宫词》且有逊色。至陈鸿作传，殆全与歌重复，似一言再言，不嫌其多者然。其故殊难索解。夫以一代之名手抒写一代之剧迹，必有奇思壮采流布文坛，而今乃平庸拖沓如此，不称所期许，抑又何耶？

　　其间更有可注意者，马嵬之变，实为此故事之中心；玉环缢死，以后皆余文也。以今日吾人行文之法言之，则先排叙其宠盛，中出力写其惨苦，后更抒以感叹，或讽刺，如《长生殿弹词》之作法，称合作矣。而观此歌及传却全不如此，写至马嵬坡仅当全篇之半，此后则大叙特叙临邛道士，海山楼阁诸迹，皆子虚乌有之事耳，而言之凿凿焉。且以钗盒之重还与密誓之见诉，证方士之曾见太真。夫太真已死于马嵬，方士何得而见之？神仙之事，十九寓言，香山一老岂真信其实有耶？其不然明矣，明知其必不然，而故意以文实之，抑又何耶？

　　即此可窥歌传之本意，盖另有所在也。一篇必有其警策，如《琵琶行》以"同是天涯沦落人，相逢何必曾相识"为主意；《秦妇吟》以"一身苦兮何足嗟，山中更有千万家"为主意；独此篇之主旨，屡读之竟不可得。必不得已，只以"天长地久有时尽，此恨绵绵无绝期"当之。既以"长恨"名篇，此两语自当其点睛之笔，惟仅观乎此仍苦不明白，曰"此恨绵绵"，曰"长恨"，究何所恨耶？若以仓卒惨变为恨，则写至马嵬已足，何必假设临邛道士，玉妃太真耶？更何必假设分钗寄语诸艳迹耶？似马嵬之事不足为恨，而天人修阻为可恨者，抑又何耶？在《长恨歌传》之末曰："夫希代之事非遇出世之才润色之，则与时消没，不闻于世，乐天深于诗多于情者也，试为歌之，如何？乐天因为《长恨歌》，意者不但感其事，亦欲惩尤物，窒乱阶，垂于将来也。歌既成，使鸿传焉。世所不闻者，予非开元遗民不得知；世所知者，有《明皇本纪》在。今但传《长恨歌》云尔。"在此明点此歌之作意，主要是感事，次要是讽谏。夫事既非真，感人何为？则其间必明明有一事在焉，非寓言假托之匹；云将引为后人之大戒，则其事殆丑恶，非风流佳话也。乐天为有唐之诗史，所谓以出世之才记希代之事，岂以欣美豪奢，描画燕昵为能事哉？遇其平铺直叙处俱不宜正看，所谓繁华，其淫纵也；所谓风流，其丑恶也。按而不断，其意自明。陈鸿作传，惟恐后人不明，故点破之。

至作传之故，在此亦已明言。若非甚珍奇之事，则只作一歌可矣，只作一传亦可矣，初不必作歌之传，屋上架屋，床上叠床也。史事虽珍奇而歌意能尽且易知者，则传虽不作亦可也。惟其两不然，此传之所以作也。可分三层述之：歌之作意，非传将不明，一也；事既隐曲，以散文叙述较为明白，二也；传奇之文体，其时正流行，便于传布，三也。其尤可注意者为"世所不闻者"以下数语，其意若曰当时之秘密，我未亲见亲闻，自不得知，若人人皆知，明皇贵妃之事，则载在正史，又不待我言，我只传《长恨歌》中所述这一段异文而已。总之，白陈二氏仅记其所闻，究竟是否真确，二君自言非开元遗民不得知，遑论今日我辈也？予亦只释《长恨歌》云尔，究竟歌中本意是否如此，亦无从取证他书，予只自述其所见云尔。

《长恨歌》立意于第一句已点明，所谓"汉皇重色思倾国"，是明皇不负杨妃，负国家耳。开门见山，断语老辣。至于叙述，若华清宫马嵬坡皆陪衬之笔，因既载《明皇本纪》，为世所知，所感者必另有所在而非仅此等事，陈鸿之言本至明白。结语所谓"此恨绵绵"，标题所谓"长恨"，乃家国之恨，非仅明皇太真燕私之恨也。否则太真已仙去，而"天上人间会相见"，是有情之美满，何恨之有，何长恨之有？论其描画，叙繁华则近荒，记姝丽则近亵，非无雅笔也，乃故意贬斥耳。传所谓乐天深于诗，观此良确。综观此篇，其结构似疏而实密，似拙而实巧，其词笔似笨重而实空虚，其事迹似可喜而实可丑；家弦户诵已千年矣，而皆被古人瞒过了，至为可惜。

旁证缺乏，兹姑以本文明之。此篇起首四句即是史笔，"汉皇重色思倾国"，自取灭亡也。"杨家有女初长成，养在深闺人未识"，明明真人面前打谎语，史称开元二十三年冬十二月册寿王妃杨氏，至天宝四载秋七月册寿王妃韦氏，八月以杨太真为贵妃。太真为寿王妃十余年之久，始嫔于明皇，乃曰"初长成"、"人未识"，非恶斥而何？若曰回护，则上讳尊者，正宜含糊掩饰，何必申申作反语哉？今既云云，则惟恐后人忽视耳。且其言与传意枘凿。传云："诏高力士潜搜外宫，得宏农杨元琰女于寿邸，既笄矣。"其中亦有曲笔，如不曰寿王妃而曰杨女，不曰既嫔而曰既箅，然外宫与深闺其不同亦甚矣。读者或以"宛转蛾眉"之句，疑玉环若未死于马嵬，则于文义为牴牾，请以此喻之，试观此二语，亦可如字解否？可知《长恨歌》中实有些微词曲笔，非由一二人之私见附会而云然，以下所言始不病其穿凿。上半节铺排处均内含讽刺，人所习知，惟关系尚少。最先宜观其叙述马嵬之变，歌曰："六军不发无奈何，宛转蛾眉马前死。花钿委地无人收，翠翘金雀玉搔头。君王掩面救不得，回看血泪相和流。"传曰："上知不免而不忍见其死，反袂掩面，使牵之而去，苍黄展转，竟就绝于尺组之下。"其所叙述有两点相同，可注意：（1）传称不忍见其死，反袂掩面，使牵之去，是玉环之死，明皇未见也。歌中有"君王掩面"之言，是白陈二氏说同。（2）歌称"宛转蛾眉马前死"，即传之"苍黄展转，竟就绝于尺组之下"也，宛转即展转，而传意尤明白，苍黄展转，似极其匆忙混乱，而竟就绝于尺组之下者，与夫死于马前之蛾眉，究竟是否贵妃，其孰知之哉？而明皇固掩面反袂未见其死也。歌中"花钿"句，似有微意，此二句就文法言，当云花钿、翠翘、金雀、玉搔头、委地无人收，诗中云云，叶律倒置耳，诸饰物狼藉满地，似人蝉蜕而去者然。《太真外传》云："妃之死日，马嵬媪得锦祇袜一只，相逢过客一玩百钱，前后获钱无数。"不特诸饰物纷堕，并锦袜亦失其一，岂不异哉？使如正史所记，命力士缢杀贵妃于佛堂，舆尸置驿庭，召玄礼等入观之，其境况殆不至如此也。

窃以为当时六军哗溃，玉环直被劫辱，挣扎委顿，故钗钿委地，锦袜脱落也。明皇则掩面反袂，有所不忍见，其为生为死，均不及知之。诗中明言"救不得"，则赐死之诏旨当时殆决无之。传言"使牵之而去"，大约牵之去则有之，使乎使乎？未可知也。后人每以马嵬事訾三郎之负玉环，冤矣。其人既杳，自不得不觅一替死鬼，于是"蛾眉"苦矣。既可上覆君王，又可下安六军，驿庭之尸僅众入观者，疑即此君也。或谓玄礼当识贵妃，何能指鹿为马？然玄礼既身预此变而又不能约束乱兵，则装聋作哑，含糊了局，亦在意中；故陈尸入视，即确有其事，亦不足破此说。至《太真外传》述其死状甚悉，乐史宋人，其说固后起，殆演正史而为之。

玉环以死闻，明皇自无力根究，至回銮改葬，始证实其未死。改葬之事，传中一字不提，歌中却说得明明白白："马嵬坡下泥土中，不见玉颜空死处。"夫仅言马嵬坡下不见玉颜，似通常凭吊口气；今言泥土中不见玉颜，是尸竟乌有矣，可怪孰甚焉？后人求其说而不得，从而为之辞，曰肌肤消释（《太真外传》），曰乱军践踏，曰尸解（均见上），其实皆牵强不合。予谓《长恨歌》分两大段，自首至"东望都门信马归"为前段，自"归来池苑皆依旧"至尾为后段，而此两句实为前后段之大关键。觅尸既不得，则临邛道士之上天下地为题中应有之义矣。其实明皇密遣使者访问太真，临邛道士鸿都客则托辞耳；歌言"汉家天子使"，传言"使者"，可证此意。

观其访问之迹，又极其奇诡。传曰："方士乃竭其术以索之，不至；又能游神驭气，出天界，没地府以求之，不见；又旁求四虚上下，东极大海，跨蓬壶，见最高仙山上多楼阙，西厢下有洞户东向，阖其门，署曰玉妃太真院。"歌曰："排空驭气奔如电，升天入地求之遍。上穷碧落下黄泉，两处茫茫皆不见。忽闻海上有仙山，山在虚无缥缈间。楼阁玲珑五云起，其中绰约多仙子。中有一人字太真，雪肤花貌参差是。"最不可解者为碧落黄泉皆无踪迹，而乃得之海山，人死为鬼宜居黄泉，即诗人之笔不忍以绝代丽质付之沉沦，升之碧落可矣，奚必海山哉？且歌传之旨俱至明晰，传云旁求四虚，明未曾升仙作鬼，仍居人间也；歌云两处茫茫皆不见，意亦正同；"忽闻"以下，尤可注意，自"海上有仙山"至"花貌参差是"，皆方士所闻也。使玉妃真居仙山，则孰见之而孰言之，孰言之而孰闻之耶？岂如《长生殿》所言天孙告杨通幽耶？夫马嵬坡下泥土中既失其尸矣，碧落黄泉既不得其魂魄矣，则羁身海山之太真，仙乎，鬼乎，人乎？明眼人必能辨之。且歌中此节，多狡狯语，"山在虚无缥缈间"，是言此亦人间一境耳，非必真有如此之海上仙山也。"其中绰约多仙子"，似群雌粥粥，太真盖非清净独居，唐之女道士院本迹近倡家，非佳语也。"中有一人字太真"，上甫云多仙子，而此偏曰中有一人，明明点出一"人"字；"雪肤花貌参差是"，是方士未去以前，且有人见太真矣。其境界如何，不难想见。

　　写方士之见太真，正值其睡起之时，传曰："碧衣云，玉妃方寝，请少待之。于是云海沉沉，洞天日晚，琼户重闱，悄然无声。方士屏息敛足拱手门下，久之而碧衣延入。"歌曰："闻道汉家天子使，九华帐里梦魂惊。揽衣推枕起徘徊，珠箔银屏迤逦开。云髻半偏新睡觉，花冠不整下堂来。"依传言,方士待之良久;依歌言,玉妃起得极仓皇,既曰"梦魂惊",而"云鬓""花冠"两句又似钗横鬓乱矣,其间有无弦外微音,不敢妄说。

传为传奇体,小说家言或非信史,虽陈鸿是史家,而白氏之歌行实诗史之巨擘,若所闻非实,又有关碍本朝,乌得而妄记耶?至少,宜信白氏之确有所闻,而所闻又惬合乎情理;否则,于尚论古人有所难通。吾辈既谓方士觅魂之说为非全然无稽,则可进一步考察其曾见杨妃与否;因使觅杨妃是一事,而觅着与否又是一事。依歌传所描写,委宛详尽明画如斯,似真见杨妃矣,然姑置不论。方士(姑以方士名之)持回之铁证有二:一为钿盒金钗,二为天宝十载密誓之语。夫钗盒或可偷盗拾取(近人有以"翠钿委地"句为钗盒之来原,亦未必然),而密誓殊难臆造。观传曰:"夜殆半,休侍卫于东西厢,独侍上,上凭肩而立,因仰天感牛女事,密相誓心,愿世世为夫妇……此独君王知之耳。"歌曰:"七月七日长生殿,夜半无人私语时。"曰"独侍",曰"凭肩",曰"无人私语",是非方士所能窃听也。窃听既不得,臆造又不能,是方士确已见太真也。钿盒金钗乃人间之物,今携之而返,是且于人世见太真也。至于"天上人间会相见",则以空言结再生之缘耳,正如玉溪生所云"海外徒闻更九州,他生未卜此生休",非有其他深意。"昭阳殿里恩爱绝,蓬莱宫中日月长",明谓生离,不谓死别,况太真以贵妃之尊乃不免风尘之劫,贻闹壶之玷,可恨孰甚焉?故结之曰"天长地久有时尽,此恨绵绵无绝期",言其耻辱终古不泯也。否则,马嵬之变,死一妇人耳,以长恨名篇,果何谓耶?

明皇知太真之在人间而不能收覆水，史乘之事势甚明，不成问题。况传曰："使者还奏太上皇，皇心震悼，日日不豫，其年夏四月南宫晏驾。"是明皇所闻本非佳讯，即卒于是年（肃宗宝应元年），而太真之死或且后于明皇也。按依章实斋氏所考，则其时太真亦一媪矣，而犹摇曳风情如此，亦异闻矣。吾以为其人大似清末之赛金花，而《彩云曲》实《长恨歌》之嫡系也。惟此等说法，大有焚琴煮鹤之诮耳。

爬梳本文，实颇明白而鲜疑滞，惟缺旁证为可憾耳。杜少陵之《哀江头》亦传太真事，曰："明眸皓齿今何在？血污游魂归不得。清渭东流剑阁深，去住彼此无消息。"曰去住，曰彼此，不知何指。若以此说解之，则上二句疑其已死，下二句又疑其或未死，两说并存欤？惟旧注以上指妃子游魂，下指明皇幸蜀，其说亦可通，故不宜曲为比附，取作佐证。且此事隐秘，事后渐流布于世，若乐天时闻之，在少陵时未必即有所闻也。他日如于其他记载续有所得，更当补订，以成信说。

今日仅有本文之直证，而无他书之旁证，只可传疑，未能取信。要之，当年之实事如何是一事，所传闻如何另是一事；故即使以此新说解释《长恨歌传》十分圆满，亦不过自圆其说而已，至多亦不过揣得作歌传之本旨而已（即此已颇夸大）。若求当年之秘事，则当以陈鸿语答之曰："世所不闻者，予非开元遗民不得知。"

（附记一）明皇与肃宗先后卒于同年，肃宗先病而明皇之卒甚骤，疑李辅国惧其复辟而弑之，观史称辅国猜忌明皇，逼迁之于西内，流放高力士，不无蛛丝马迹。唐人亦有疑之者,韦绚《戎幕闲谈》曰:"时肃宗大渐,辅国专朝,意西内之复有变故也。"此事与清季德宗西后之卒极相似。亦珍闻也。

(附记二)又宋王铚《默记》:"元献(晏元献)因为僚属言唐小说:唐玄宗为上皇迁西内,李辅国令刺客夜携铁槌击其脑,玄宗卧未起,中其脑,皆作磬声,上皇惊谓刺者曰:'我固知命尽于汝手,然叶法善劝我服玉,今我脑骨皆成玉,且法善劝我服金丹,今有丹在首,固自难死,汝可破脑取丹,我乃可死矣。'刺客如其言,取丹乃死。"孙光宪《续通录》云:"玄宗将死云:'上帝命我作孔升真人。'爆然有声,视之崩矣,亦微意也。"此亦可与上节参看。

十六年十一月十五日(留)

这是一篇很聪明的文章——对不对却另是一回事——同时也是一篇很自知分际的文章。此文末节所说甚诚实,我们生在百千年以后,要体会百千年以前的曲喻,只可以玩弄聪明,却不可以补苴信史也。

第八节　口说的史料对著文的史料

此一对当,自表面看来,我们自然觉得口说无凭,文书有证,其优劣之判别像是很简单的。然而事实亦不尽然。笔记小说虽是著于文字的材料,然性质实在是口说,所以口说与著文之对当在此范围内,即等于上文第二节所论列,现在不须再说,但说专凭口说传下来的史料。

专凭口说传下来的史料,在一切民族的初级多有之。《国语》(《左传》一部分材料在内)之来源即是口说的史料,若干战国子家所记的故事多属于此类。但中国的文化,自汉魏以来,有若干方面以文字为中心。故文字之记载被人看重,口说的流传不能广远;而历代新兴的民间传说,亦概因未得文人为之记录而失遗。宫帏遗闻,朝野杂事,每不能凭口说传于数十年之后,反观古昔无文字之民族,每有巫祝一特殊阶级,以口说传史料,竟能经数百年,未甚失其原样子者(《旧约》书之大部分由于口传,后世乃以之著史)。故祝史所用之语,每非当时之普通语言,而是早若干时期之语言。此等口传的史料,每每将年代、世系、地域弄得乱七八糟,然亦有很精要的史事为之保留,转为文书史料所不逮。汉籍中之《蒙古源流》,即其显例也。

古代及中世之欧洲民族所有之口传史料,因文化之振兴及基督教之扩张而亡遗,独其成为神话作为诗歌者,以其文学之价值而得幸存,然已非纯粹之口传史事矣。近代工业文明尤是扫荡此等口传文学与史事者,幸百年之前,德俄诸国已有学者从事搜集,故东欧西亚之此等文学与史料,尚藉此著于文字者不少,而伊兰高加索斯拉夫封建之故事,民族之遗迹,颇有取资于此,以成今日史事知识者焉。

夷夏东西说

  这一篇文是我在"九一八"以前所作《民族与古代中国史》一书中的三章。这一书已成之稿,大致写在"九一八"前两年至半年间。这三章是二十年春天写的,因时局的影响,研究所迁徙两次,我的工作全不能照预定呈规,所以这一书始终不曾整理完。现在把其中的三章,即本文的三章,编成一文,敬为蔡孑民师寿。因为本是一部书,所以中间常提到他章,现在改作"别见某文,未刊"。这一篇中的中心思想,是我十余年前的见解,此数章写成亦在数年前。这几年中我没有在这一线上用工夫,所以除字句略加修正及末一节以外,几全是当年的原文。此文本应附图,现在亦来不及作了。

二十三年十月

自东汉末以来的中国史,常常分南北,或者是政治的分裂,或者由于北方为外族所统治。但这个现象不能倒安在古代史上。到东汉,长江流域才大发达。到孙吴时,长江流域才有独立的大政治组织。在三代时及三代以前,政治的演进,由部落到帝国,是以河、济、淮流域为地盘的。在这片大地中,地理的形势只有东西之分,并无南北之限。历史凭借地理而生,这两千年的对峙,是东西而不是南北。现在以考察古地理为研究古史的一个道路,似足以证明三代及近于三代之前期,大体上有东西不同的两个系统。这两个系统,因对峙而生争斗,因争斗而起混合,因混合而文化进展。夷与商属于东系,夏与周属于西系。以下四章是为求能证明这个设定而写的。先从商代说起,上溯夏后世者,因为后王事迹多,容易看清楚,先讨论他,于了解此文之命意上似乎便当些。

一、亳—商—殷

(一)商代发迹于东北,渤海与古兖州是其建业之地

下列数事,合起来可证成本节标题所假定。

甲 《诗·商颂》:"天命玄鸟,降而生商。"又,"有娀方将,帝立子生商。"这个故事的意义,可以《吕氏春秋·音初篇》所记说明之。

> 有娀氏有二佚女,为之九成之台,饮食必以鼓。帝令燕往视之,鸣若谥隘。二女爱而争搏之,覆以玉筐。少选,

发而视之，燕遗二卵北飞，遂不反。二女作歌，一终曰："燕燕往飞。"实始作为北音。

《商颂》中所谓"玄鸟"及"有娀"之本事，当即此说之内容。此一神话之核心，在于宗祖以卵生而创业。后代神话与此说属于一源而分化者，全在东北民族及淮夷。现在将此神话之重要材料录于下方：

《论衡·吉验篇》 北夷橐离国王侍婢有娠，王欲杀之。婢对曰："有气大如鸡子，从天而下，我故有娠。"后产子，捐于猪溷中，猪以口气嘘之，不死。复徙置马栏中，欲使马藉杀之，马复以口气嘘之，不死。王疑以为天子，令其母收取，奴畜之，名东明，令牧牛马。东明善射，王恐夺其国也，欲杀之。东明走，南至掩淲水，以弓击水，鱼鳖浮为桥，东明得渡。鱼鳖解散，追兵不得渡，因都王夫余，故北夷有夫余国焉。(《魏志》三十《夫余传》注引《魏略》同)

《魏书·高句丽传》 高句丽者，出于夫余。自言先祖朱蒙。朱蒙母河伯女，为夫余王闭于室中，为日所照，引身避之，日影又逐。既而有孕，生一卵，大如五升。夫余王弃之与犬，犬不食。弃之与豕，豕又不食。弃之于路，牛马避之。后弃之野，众鸟以毛茹之。夫余王割剖之，不能破，遂还其母。其母以物裹之，置于暖处，有一男破壳而出。及其长也，字之曰朱蒙。其俗言朱蒙者，善射也。夫余人以朱蒙非人所生，将有异志，请除之。王不听，命之养马。朱蒙每私试，知有善恶，骏者减食令瘦，驽者善养令肥。夫余王以肥者自乘，以瘦者给朱蒙。后狩于田，以朱蒙善射，限之一矢。朱蒙虽矢少，殪兽甚多。夫余之臣又谋杀之，朱蒙母阴知，告朱蒙曰："国将害汝，以汝才略，宜远适四方。"朱蒙乃与乌引、乌违等二人弃夫余东南走。中道遇一大水，欲济无梁，夫余人追之甚急。朱蒙告水曰："我是日子，河伯外孙，今日逃走，追兵垂及，如何得济？"于是鱼鳖并浮，为之成桥。朱蒙得渡，鱼鳖乃解，追骑不得渡。朱蒙遂至普述水，遇见三人，其一人着麻衣，一人着衲衣，一人着水藻衣，与朱蒙至纥升骨城，遂居焉。号曰高句丽，因以为氏焉。

《高丽好大王碑》 惟昔始祖邹牟王之创基也，出自北夫余，天帝之子，母河伯女郎，剖卵降出。生子有圣□□□□□命驾巡东南下，路由夫余奄利大水。王临津言曰："我是皇天之子，母河伯女郎，邹牟王，为我连葭浮龟。"应声即为连葭浮龟，然后造渡于沸流谷，忽本西城山上而建都焉。永乐□位，因遣黄龙来下迎王，王于忽本东冈黄龙负升天。

高丽王氏朝金富轼撰《三国史记·高句骊纪》 始祖东明圣王姓高氏，讳朱蒙（一云邹牟，一云象解）。先是扶余王解夫娄老，无子，祭山川求嗣。其所御马至鲲渊，见大石，相对流泪。王怪之，使人转其石，有小儿，金色，蛙形（蛙一作蜗）。王喜曰："此乃天赉我令胤乎？"乃收而养之，名曰金蛙。及其长，立为太子。后其相阿兰弗曰："日者天降我曰：'将使吾子孙立国于此，汝其避之东海之滨，有地号曰迦叶原，土壤膏腴，宜五谷，可都也。'"阿兰弗遂劝王移都于彼国，号东扶余。其旧都有人，不知所从来，自称天帝子解慕漱来都焉。及解夫娄薨，金蛙嗣位。于是时得女子于太白山南优渤水，问之，曰："我是河伯之女，名柳花，与诸弟出游，时有一男子自言天帝子解慕漱，诱我于熊心山下鸭绿边室中私之，即往不返，父母责我无媒而从人，遂谪居优渤水。"金蛙异之，幽闭于室中。为日所照，引身避之，日影又逐而照之，因而有孕。生一卵，大如五升许，王弃之与犬豕，皆不食。又弃之路中，牛马避之。后弃之野，鸟覆翼之。王欲剖之，不能破，遂还其母。其母以物裹之，置于暖处，有一男儿破壳而出，骨表英奇。年甫七岁，岿然异常，自作弓矢射之，百发百中。扶余俗语善射为朱蒙，故以名云。金蛙有七子，常与朱蒙游戏，其技能皆不及朱蒙。其长子带素言于王曰："朱蒙非人所生，其为人也勇，若不早图，恐有后患，请除之。"王不听，使之养马。朱蒙知其骏者而减食令瘦，驽者善养令肥。王以肥者自乘，瘦者给朱蒙。后猎于野，以朱蒙善射，与其矢小，而朱蒙殪兽甚多。王子及诸臣又谋杀之，朱蒙母阴知之，告曰："国人将害汝，以汝才略，何往而不可？与其迟留而受辱，不若远适以有为。"朱蒙乃与乌伊、摩离、陕父等三人为友，行至淹滮水（一名盖斯水，在今鸭绿东北），欲渡无梁，恐为追兵所迫，告水曰："我是天帝子，河伯外孙，今日逃走，追者垂及，如何？"于是鱼鳖浮出成桥，朱蒙得渡，鱼鳖乃解，追骑不得渡。朱蒙行至毛屯谷（《魏书》云，至普述水），遇三人，其一人着麻衣，一人着衲衣，一人着水藻衣。朱蒙问曰："子等何许人也？何姓何名乎？"麻衣者曰："名再思。"衲衣者曰："名武骨。"水藻衣者曰："名默居。"而不言姓。朱蒙赐再思姓克氏，武骨仲室氏，默居少室氏。乃告于众曰："我方承景命，欲启元基，而适遇此三贤，岂非天赐乎？"遂揆其能，各任以事，与之俱至卒本川（《魏书》云，至纥升骨城）。观其土壤肥美，山河险固，遂欲都焉，而未遑作宫室，但结庐于沸流水上居之。国号高句丽，因以高为氏（一云，朱蒙至卒本，扶余王无子，见朱蒙，知非常人，以其女妻之。王薨，朱蒙嗣位）。时朱蒙年二十二岁，是汉孝元帝建昭二年。

朝鲜《旧三国史·东明王本纪》（案，原书已佚，日人今西龙在《内藤虎次郎颂寿纪念史学论丛》中所作《朱蒙传说》据高丽王氏朝李奎报《李相国文集》中之《东明王篇注释》辑录成篇，并以朝鲜《世宗实录》、《地理志·平安道》平壤条所载者补订之。此处所引，即据今西龙氏辑文）　夫余王解夫娄老无子，祭山川求嗣。所御马至鲲渊，见大石流泪。王怪之，使人转其石，有小儿金色蛙形。王曰："此天赐我令胤乎？"乃收养之，名曰金蛙，立为太子。其相阿兰弗曰："日者天降我曰，将使吾子孙立国于此，汝其避之东海之滨，有地号迦叶原，土宜五谷，可都也。"阿兰弗劝王移都，号东夫余。于旧都解慕漱，为天帝子来都。汉神雀三年壬戌岁（四月甲寅），天帝遣太子降游扶余王古都，号解慕漱。从天而下，乘五龙车，从者百余人，皆骑白鹄，彩云浮于上，音乐动云中，止熊心山，经十余日始下。首戴鸟羽之冠，腰带剑光之剑，朝则听事，暮即升天，世谓之天王郎。城北青河河伯（青河，今鸭绿江也）有三女，长曰柳花，次曰萱花，季曰苇花，三女自青河出游熊心渊上，神姿艳丽，杂佩锵洋，与汉皋无异。王谓左右曰："得而为妃可有后胤。"其女见王，即入水。左右曰："大王何不作宫殿，俟女入室，当户遮之？"王以为然。以马鞭画地，铜室俄成，壮丽于空中。王三席置樽酒，其女各座其席，相欢，饮酒大醉，云云。王俟三女大醉，急出遮。女等惊走，长女柳花为王所止。河伯又怒，遣使告曰："汝是何人，留我女乎？"王报云："我是天帝之子，今欲与河伯结婚。"河伯又使告曰："汝若天帝之子，于我有求婚者，当使媒，云云，今辄留我女，何其失礼？"王惭之。将往见河伯，不能入室。欲放其女，女既与王定情，不肯离去，乃劝王曰："如有龙车，可到河伯之国。"王指天而告，俄而五龙车从空而下。王与女乘车，风云忽起，至其宫。河伯备礼迎之，坐定，谓曰："婚姻之道，天下之通规，为何失礼辱我门宗？"河伯曰："王是天帝之子，有何神异？"王曰："惟在所试。"于是河伯于庭前水化为鲤，随浪而游，王化为獭而捕之。河伯又化为鹿而走，王化为豺逐之。河伯化为雉，王化为鹰击之。河伯以为诚是天帝之子，以礼成婚。恐王无将女之心，张乐置酒，劝王大醉（河伯之酒七日乃醒），与女入于小革舆中，载以龙车，欲令升天。其车未出水，王即酒醒。取女黄金钗，刺革舆，从孔独出升天。河伯大怒其女，曰："汝不从我训，终辱我门。"令右左绞挽女口，其唇吻长三尺，惟与奴婢二人贬于优渤水中。优渤，泽名，今在太伯山南。渔师强力扶邹告金蛙曰："近有盗梁中鱼而将去者，未知何兽也？"王乃使渔师以网引之，其网破裂。更造铁网引之，始得一女，坐石而出。其女唇长，不能言，令三截其唇，乃言。王知天帝子妃，以别宫置之。其女怀牖中日曜，因以有娠。神雀四年癸亥岁夏四月，生朱蒙。啼声甚伟，骨表英奇。初生，左腋生一卵，大如五升许。王怪之，曰："人生鸟卵，可为不祥。"使人置之马牧，群马不践。弃于深山，百兽皆护，云阴之日，卵上恒有日光。王取卵送母养之，卵终乃开，得一男。生未经月，言语并实。谓母曰："群蝇嗜目，不能睡，母为我作弓矢。"其母以苇作弓矢与之，自射纺车上蝇，发矢即中。扶余谓善射曰朱蒙。年至长大，才能兼备。金蛙有子七人，常共朱蒙游猎。王子及从者四十余人，惟获一鹿，朱蒙射鹿至多。王子妒之，乃执朱蒙缚树，夺鹿而去，朱蒙树拔而去。太子带素言于王曰："朱蒙，神勇之士，瞻视非常，若不早图，必有后患。"王使朱蒙牧马，欲试其意。朱蒙内怀恨，谓母曰："我是天帝之孙，为人牧马，生不如死，欲往南土造国家，母在，不敢自专，云云。"其母曰："此吾之所以日夜腐心也。""吾闻士之涉长途者，顺凭骏足，吾能择马矣。"遂往牧马，即以长鞭乱捶，群马皆惊走，一骍马跳过二丈之栏。朱蒙知马骏逸，潜以针捶马舌，痛不食水草，其马瘦悴。王巡行马牧，见群马悉肥，大喜，仍以瘦赐朱蒙。朱蒙得之，拔其针加馁云。暗结乌伊、摩离、陕父等三人，南行至淹滤，一名盖斯水，在今鸭绿东北，欲渡无舟。恐追兵奄及，乃以策指天，慨然叹曰："我天帝之孙，河伯之甥，今避难至此，皇天后土怜我孤子，速致舟桥。"言讫，以弓打水，龟鳖浮出成桥，朱蒙乃得渡。良久，追兵至。追兵至河，鱼鳖桥即灭，已上桥者皆没死。朱蒙临别，不忍暌违。其母曰："汝勿以一母为念。"乃裹五谷种以送之。朱蒙自切生别之心，忘其麦子。朱蒙息大树之下，有双鸠来集。朱蒙曰："应是神母使送麦子。"乃引弓射之，一矢俱举，开喉得麦子。以水喷鸠，更苏而飞去，云云。王行至卒本川，庐于沸流水上，国号为高句丽。王自坐茀绝之上，略定君臣神。（中略）在位十九年，秋九月，王升天不下，时年四十。太子以所遗玉鞭葬于龙山，云云。（下略）

《清太祖武皇帝实录》（故宫博物院藏本。按《清太祖实录》今已发见者有三本，一名《太祖武皇帝实录》，藏北平故宫博物院，是最初本。一名《太祖高皇帝实录》，是一稿本，涂改数遍，藏中央研究院历史语言研究所。一亦名《太祖高皇帝实录》，藏北平故宫博物院，已由该院印出，此为最后之本。又有《满洲实录》，藏沈阳故宫博物院，已由该院影印，文饰较少，当在故宫第一本及中央研究院稿本之间。今录故宫第一本，而注明沈阳本之异文。）长白山高约二百里，周围约千里。此山之上有一潭名他门（沈阳本作闼门），周约八十里。鸭绿、混同、爱滹三江，俱从此山流出。鸭绿江自山南泻出向西流，直入辽东之南海。混同江自山北泻出向北流，直入北海。爱滹江向东流，直入东海。此三江中每出珠宝。长白山山高地寒，风劲不休，夏日，环山之兽俱投憩此山中。（沈阳本此下有云，此山尽是浮石，乃东北一名山也。）

满洲源流。

满洲原起于长白山之东北布库里山下一泊，名布尔

（沈阳本作勒）湖里。初，天降三仙女浴于泊，长名恩古伦，次名正古伦，三名佛库伦，浴毕上岸，有神鹊衔一朱果置佛库伦衣上，色甚鲜艳。佛古（沈阳本作库）伦爱之不忍释手，遂衔口中。甫着衣，其果入腹中，即感而成孕。告二姊曰："吾觉腹重不能同升，奈何"？二姊曰："吾等曾服丹药，谅无死理，此乃天意，俟尔身轻上升未晚。"遂别去。佛库伦后生一男，生而能言，倏尔长成。母告子曰："天生汝，实令汝为夷国主（沈阳本作以定乱国），可往彼处将所生缘由一一详说。"乃与一舟，"顺水去，即其地也"。言讫，忽不见。其子乘舟顺流而下，至于人居之处，登岸，折柳条为坐具，似椅形，独踞其上。彼时长白山东南鳌莫惠（地名）鳌多理（城名。此两名沈阳本作鄂谟辉、鄂多理），内有三姓夷酋争长（沈阳本作争为雄长），终日互相杀伤。适一人来取水，见其子举止奇异，相貌非常，回至争斗之处，告众曰："汝等无争，我于取水处遇一奇男子，非凡人也。想天不虚生此人，盍往观之？"三酋长（沈阳本作三姓人）闻言罢战，同众往观。及见，果非常人，异而诘之。答曰："我乃天女佛库伦所生，姓爱新〔华语〔沈阳本作汉言〕，金也）觉罗（姓也），名布库理雍顺，天降我定汝等之乱。"因将母所嘱之言详告之。众皆惊异曰："此人不可使之徒行。"遂相插手为舆，拥捧（沈阳本作护）而回。三姓人息争，共奉布库里英雄（沈阳本作哩雍顺）为主，以百里女妻之。其国定号满洲，乃其始祖也（南朝误名建州）。

如上所引，可知此一传说在东北各部族中之普遍与绵长。此即东北人之"人降"神话。在东北人以外，古淮夷亦有此神话：

《史记·秦本纪》 秦之先帝,颛顼之苗裔,孙曰女修。女修织,玄鸟陨卵,女修吞之,生子大业。大业取少典之子,曰女华,女华生大费,与禹平水土。

按,此虽记秦之祖,然实叙淮夷之祖,因秦本嬴姓,嬴姓在商代,凭殷人西向之势,自岱南出建部落于西北,事见《秦本纪》。淮夷本是东海上部类,《诗·鲁颂》"至于海邦,淮夷来同",是其证。然则淮夷与东北沿海诸族同其人降之神话,本不足怪。且此处之神话,明明归本于颛顼氏,颛顼正是东北方部落之宗神。《晋书》卷一百八(慕容)"庵以大棘城即帝颛顼之墟也"可以为证。据此考量,淮夷有此神话,正自东北来,即当入之东北一类中也。

　　然而此一神话殊不以东北为限,殷商亦然。《诗》所谓"天命玄鸟,降而生商",所谓"有娀方将,帝立子生商"者,据郑笺云:"天使鳦下而生商者,谓鳦遗卵,有娀氏之女简狄吞之而生契。"是谓玄鸟之卵,入有娀氏女之腹,遂生商祖。然则《商颂》中此一神话,与上文所举后来东北各部族中之神话,明明白白是一件事,至少是一个来源。持此以证商代来自东北,固为不足,持此以证商代之来源与东北有密切关系,至少亦是文化的深切接触与混合,乃是颇充足,很显然的。[①]

　　乙 《诗·商颂》:"宅殷土芒芒。"我们要看商所宅之殷土

　　① 此节含义已见拙著《东北史纲》初稿第一卷14至24页。彼处于本文所引资料外,更及"妣乙"一辞。今承作宾先生告我:"王国维所释'妣乙'二文实是'河'字,其'𡴂'一字,则为'岳'字。"按董说甚确,故删是段。

在何处。自武乙以来所都之处,《史记》称之曰殷虚(墟),殷墟正在洹水南岸,今河南安阳境。不过这是后来的话,不足证殷商之本在河北。当更由他法寻求称殷商部族之本土。《吕氏春秋·慎大览》:"亲郼如夏。"高诱曰:"郼读如衣,今兖州人谓殷氏皆曰衣。"毕沅证之曰:"《书·武成》,殪戎殷,《中庸》作壹戎衣,二字声本相近。"然则殷即郼,郼、韦、卫三字当为一字之异体。今能寻卫、韦之所在,则殷土之原来地望可知。卫者,康侯封所受之旧名,康侯之国名卫,并非康侯自他处带去(若燕之本不在蓟,鲁之本不在曲阜)。而为其地之旧名者,可以下列考量证之。康叔本封于康,故建侯于卫时犹曰康叔,其子犹曰康伯,从此可知卫为昧邦(即《诗》之"沫乡牧野")之本名,当今彰德、卫辉、大名一带之地。韦者,一曰豕韦,《左传》哀二十四杜注曰:"东郡白马县东南有韦城。"晋白马县,当今滑县东境一带,其四围正在古所谓河济之间。《吕氏春秋·有始览》又云:"河济之间为兖州,卫也。"此尤明示卫之地望,更由此可知称殷之原来所在。其实殷、兖(古作"沇")二字,或者也不免是一词之变化,音韵上非不可能。此说如不错,则殷、衣、韦、郼、卫、沇、兖,尽由一源,只缘古今异时,成殊名耳。商之先世,于建业蒙亳之先(说详下)宅此殷土,则成汤以前先公发祥自北而南之踪迹,可以推知矣。

丙 《诗·商颂》:"相土烈烈,海外有截。"试为"景员维河"之国家设想,最近之海为渤海,最近可能之海外为辽东半岛或朝鲜西北境。相土为商代甚早之先王,在契之后、汤之前,并在王恒、王亥之前。以如此早之一代,竟能截定海外,则其根据地必去渤海不远。纣殁后,殷人以亡国之余,犹得凭箕子以保朝鲜,朝鲜如不早在其统治之内,甚难以亡国余烬远建海邦。然则箕子之东,只是退保辽水之外,"从先王居"而已,犹之金亡后犹在混同江边保其女真族,元亡后犹在漠南北保其蒙古族。[①]

据以上三事,则最早最可信之史料——《商颂》——已明明告我们,殷代之祖先起自东北方矣!然证据尚不只此。

丁　王恒亦是殷先王世系中甚早者,他与有易有一段相杀的故事(王国维考之甚确)。按,都邑之名每以迁徙而移,水名则不移。有易之地望可以易水所在推知其概。王恒、王亥、上甲微三世既皆与有易发生关系,而王恒且为有易虏去作牧夫,则此时殷先公之国境,必与有易毗连可知,即必在今河北省境北部或中部可知。查王国维所证与此事有涉之《天问》十二韵云:

> 该(亥)秉季德,厥父是臧,胡终弊于有扈(易之误,据王考),牧夫牛羊?干协时舞,何以怀之?平胁曼肤,何以肥之?有扈(易)牧竖,云何而逢?击床先出,其命何从?恒秉季德,焉得夫朴牛?何往营班禄,不但(疑旦之误)还来?昏微循迹,有狄(易之借字,据王考)不宁,何繁鸟萃棘(疑林之误),负子肆情?眩(亥)[②]弟并淫,危害厥兄,何变化以作诈,而后嗣逢长?

---

① 《左传》昭九,"肃慎燕亳,吾北土也"。此当为亳之本土,说详下。又,朝鲜一辞不见六经,按之司马相如《上林赋》,"齐……斜与肃慎为界",西汉齐国之斜界正为朝鲜,或者战国以来所谓朝鲜,即古之肃慎耶?说别详。

② 此处眩字疑亦亥之误字。盖上文正说王亥、王恒、上甲微,下文又说汤之创业,不应中间忽插入舜象故事,如王逸所解者。即使信《国语》"商人禘舜"之舜字不误,亦应列于"简狄在台誉何喜"之前。《天问》骤看似语无伦次者,然若以"故事系统"论其次序,以韵读定其错简或不错,当知实非漫无连贯者。故舜事无论如何解,不当入之此处也。又眩、胲二字在篆文虽不可乱,在隶书则甚易讹也。

今更据文义推测此一故事之大略面目。一个故事,每因同源异流之故,化为几个不同的面目。现在看看《天问》中这个故事的面目,果与其他记同一故事者合否。照这十几韵中的含义,大约殷王季是这个故事中一个重要的人物,大约服牛之功是当归之于季的。所以谈到他的儿子们,一则曰,"该秉季德",再则曰,"恒秉季德"。此点正与《国语》祭统合,二者皆以为冥(据王考,即季)有大功。然则王氏以为"《山海经》《天问》《吕览》《世本》皆以王亥为始作服牛之人",在《天问》或不如此。《天问》既曰该、恒秉季德,是此一重要制作,在王亥不过承袭父业,或者《天问》作者心中是以王季担此制作之任者。王季有几个儿子,其中亥、恒皆能秉父德,不幸亥之诸弟(恒当除外)实行"共妻主义",偏这群人自己没遭祸事,祸事到老兄头上,所谓"危害厥兄"也。此与郭璞《大荒东经注》引《竹书》所云:"殷王子亥,宾于有易而淫焉,有易之君绵臣杀而放之",当系一件故事之不同说法,《竹书》归罪于王亥,《天问》归罪于其弟耳。所谓"昏微循迹,有狄不宁"者,盖上甲微在国败君亡之后,能振作旧业,压迫有狄,有狄为之不宁,此与《鲁语》祭统所谓"上甲微能帅契"者相合。不过,据《天问》之发问者,微不是王亥之子,而是亥之弟之子,故有天道难知之感,以并淫作诈害及子兄之人,其后嗣乃能长盛,为不平也。如上所析解此一故事,诸书用之者大同小异,盖此故事至晚周已有不同之面目。然其中有一点绝无异者,即汤之先世在此期中历与有易斗争,卒能胜有易,故后世乃大。夫易水所在,古今未改,有易所在,即可推知。以数世与有易斗争之国,必为有易之邻国可知,必在今河北省中部或南部亦可知矣。

戊 《山海经》中所说之地望，初看似错乱，如匈奴见于南方，流沙见于东方之类。但全部排比一下，颇有一个线索可寻，而《大荒经》中之东西南北，尤不紊乱。今将《大荒东经》中所载一切帝王之迹抄之如下：

东海之外，大壑，少昊之国，少昊孺帝颛顼于此。

大荒之中，有山名曰合虚。日月所出，有中容之国：帝俊生中容。

有司幽之国：帝俊生晏龙，晏龙生司幽。

有白民之国：帝俊生帝鸿，帝鸿生白民。

有黑齿之国：帝俊生黑齿，姜姓。

东海之渚中有神，人面鸟身，珥两黄蛇，践两黄蛇，名曰禺䝞（《北经》作禺号）。黄帝生禺䝞，禺䝞生禺京。禺京处北海，禺䝞处东海，是惟海神。

有困民国，勾姓，而食（郝懿行云，勾姓下而食上当有阙脱），有人曰王亥。两手操鸟，方食其头。王亥托于有易，河伯仆牛。有易杀王亥，取仆牛。河念有易，有易潜出为国于兽方食之，名曰摇民。帝舜生戏，戏生摇民。

有五采之鸟相乡弃沙，惟帝俊下友。

东荒之中有山，名曰壑明俊疾。日月所出，有中容之国。

东海中有流波山……其上有兽。……其名曰夔，黄帝得之，以其皮为鼓。

据此我们可说帝俊竟是《大荒东经》中惟一之帝。此外少昊一见，谓其孺颛顼于此；黄帝二见，一谓其为处于东海之禺貌之祖，一谓其得夔；舜一见，谓其为摇民之祖；皆不多见。至于中容王亥，一为俊之子，一则殷先王，正在一系中。又帝俊之见于他卷者，仅《大荒南经》，"帝俊妻娥皇，生此三身之国"，"帝俊生季釐"，"羲和者，帝俊之妻"；《大荒西经》，"帝俊妻常义"；《大荒北经》，"东北海之外，大荒之中，河水之间，附禺之山……帝颛顼有九嫔葬焉……丘方员三百里，丘南帝俊竹林在焉，大可为舟……丘西有沉渊，颛顼所浴"，及《海内经》末段之综记帝族统系。除《海内经》末段另文详论外，所有《大荒经》南西北三方中之帝俊，多是娥皇一故事之分化。至《大荒北经》所记帝俊竹林，虽列入《北经》，按其所述之地望，实在东北。由此统计以看帝俊之迹及其宗族，独占东北方最重要之位置。帝俊既见于殷墟文字，称曰高祖，而帝俊之地望如此，则殷代龙兴之所在可知。

综上列五事以看，直接史料与间接史料相互参会，均指示我们商起于东北，此一说谓之为已经证成可也。

（二）亳

然而竟有人把商代也算到西方去，其故大概由于亳之地望未看清楚，太史公又曾糊里糊涂说了一句。他说："或曰，'东方物所始生，西方物之成熟。'夫作事者必于东南，收功实者常于西北。故禹兴于西羌；汤起于亳；周之王也，以丰镐伐殷；秦之帝用雍州兴；汉之兴自蜀汉。"这话里边，只汤起于亳一说为无着落，而徐广偏"希意承旨"，以说"京兆杜县有亳亭"，于是三亳、阪尹之外，复有此西亳，而商起东北之事实，竟有太史公之权威作他的反证！①查亳之所在，皇甫谧已辨之，宋人亦有论及。在近代，有孙星衍（见外集《汤都考》）、胡天游（见《石笥山房集》）、郝懿行（见《山海经笺疏》）、金鹗（见《求古录礼说》）、毕亨（见《九水山房文存》）、王国维（见《观堂集林》）皆主偃师之西亳为后起之亳，汤之始都应在东方。汤自东徂西之事，在今日已可为定论。诸家所说，今不具引，仅于所论之外，补申两事：

甲　亳实一迁徙之名。地名之以居者而迁徙，周代犹然。宗周成周虽于周上冠字，其号周则一。鲁本不在今山东南境，燕本不在今河北北境，皆因徙封而迁（说见拙著《大东小东说》）。韩本在渭水流域，而《诗·韩奕》，"燕师所完"，"以为北伯"之韩，必在今河北省境。魏本在河东，而迁大梁后犹号魏。汉虽仍封梁王于此，而曹魏初建国，仍在此地。后世尚如此，早年"无定居"时迁徙较易，则洛邑号周，韦墟号商，亦甚自然。鲁有亳社之遗，可知亳者乃商人最初之国号，国王易其居，而亳易其地，原来不是亳有好些个，乃是亳王好搬动。或者有亳社之地皆可称亳。王国维君证汤之亳为汉之山阳郡薄县（今山东曹县境），以《左传》哀十四年，"宋景公曰，薄宗邑也"为证，其说至确，然不可谓汤之所居但以此为限。偃师之亳虽无确证，然汤实灭夏，夏之区宇布于今山西、河南省中，兼及陕

---

① 按，京兆有亳亭一说，《史记》曾言及。《封禅书》记秦地诸祠祀有云："于社亳有三社主之祠。"《秦本纪》云："宁公二年，遣兵伐荡社。三年，与亳战，亳王奔戎，遂灭荡社。"《索隐》曰："西戎之君，号曰亳王。盖成汤之胤。"《集解》引皇甫谧曰："亳王号汤，西夷之国……非殷也。"据此，知周桓王时之亳王，乃西戎君长，不关殷商。其居京兆杜县，当由犬戎之乱，入据畿甸。西周盛时，断不容卧榻之旁，由人酣睡。意者殷克鬼方后，子姓有统率戎人部落者，逮殷之灭，遂袭亳王之号，及周之乱，遂据杜县。无论此说当否，此乃后代事，不能据之以证商代之渊源。商人何来，固当以早年地理证之，亳人发迹之所在求之，若求之于八九百年后之地名，恐无当矣。

西,而其本土在河东(详下章)。《史记》,"汤遂率兵以伐夏桀,桀走鸣条"。《集解》引孔安国曰,"地在安邑之西"。按之《吕览》等书记吴起对魏武侯云:"夏桀之国左河济,右大行,伊阙在其南,羊肠在其北。"则鸣条在河东或不误。然则汤对夏用兵以偃师一带地为根据,亦非不可能者。且齐侯铺钟云:"虩虩成唐(阳),又殷(严)十(在)帝所。尃受天命,剸伐夏司,散(败)厥灵师。伊少(小)臣隹楠(辅)。咸有九州,处禹之堵(都)。"(从孙仲容释)则成汤实灭夏桀而居其土。此器虽是春秋中世之器,然此传说必古而有据。又南亳虽若偏于南隅,然相传成汤放桀于南巢,南巢竟远在庐州境,则南亳未必非汤所曾至。大凡此等传说,无以证明其然,亦无以证明其不然。如以亳为城郭宫室俱备之都邑,则汤之亳自当只有一个。如以其为兵站而有社以祷之所,则正应不只一地。且汤时兵力已甚盛,千里之间,南征北战,当是史实。不过汤之中央都邑,固当以近于商宋者为差是耳。

此外,济河流域中以薄或博名者,尚有数处,其来源虽有不可知者,然以声类考之,皆可为亳之音转。

蒲姑。《左传》昭九年,"及武王克商……蒲姑商奄,吾东土也……肃慎燕亳,吾北土也"。《齐世家》作蒲姑。《诗·毛传》同。杜云,"乐安博昌北有薄姑城"。按,《汉志》千乘郡已有博昌县,当今山东博兴县。

肃慎、燕、亳之亳。此亳所在杜无说,孔谓小国不知所在。然既与肃慎、燕并举,当邻于肃慎及燕。

据司马相如《子虚赋》,齐"斜与肃慎为界",是古肃慎当即汉之朝鲜,与后世之挹娄无涉。或者此一在东北之亳即亳之初地,亦未可知。

齐博邑。在泰山下,见《齐策》。

汉东郡博平县。在济水之北,今山东博平县境。《田齐世家》之博陵,《苏秦张仪传》之博关,当即此博。

杨守敬曰:"余以为秦县之名率本于前,其有地见春秋战国而汉又有其县者,诸家虽不言秦县,安知其非秦置?……使读者知秦之立县皆有所因,而《汉志》之不详说者,可消息得之矣。"(见《嬴秦郡县图序》)此说甚通。博,博平二名虽见于后,渊源当有自耳。

又按,"亳"、"薄"二字,同在唐韵入声十九铎,傍各切。"博"亦在十九铎,补各切。补为帮母之切字,傍为并母之切字,是"亳"、"薄"二字对"博"之异仅在清浊。蒲姑之"蒲"在平声,然其声类与"亳"、"薄"同,而蒲姑又在《诗·毛传》《左·杜注》中作薄姑,则"蒲"当与"薄"通。又十八铎之字在古有收喉之入声(-k),其韵质当为 ak,而唇声字又皆有变成合口呼之可能,是则"蒲姑"两字正当"亳"之一音。亳字见于殷墟文字,当是本字(《殷墟文字类编》五卷十五叶)博,薄,薄姑等,为其音转,以声类韵部求之,乃极接近。此虽未能证明之假设,却颇值得留意。

乙　蒲姑、博、薄、亳等地之分配,实沿济水两岸而逆流上行。试将此数地求之于地图上,则见其皆在济水故道之两岸,薄姑至于蒙亳皆如此。到西亳南亳方离开济水之两岸,但去济水流域仍不远。大凡一切荒古时代的都邑,不论在哪一州,多是在河岸上的。一因取水的供给,二因交通的便利。济水必是商代一个最重要的交通河流。殷墟发现的品物中,海产品甚多，贝类不待说，竟有不少的鲸骨。而《卜辞》所记，王常自渔，《左传》所谓渔"非君所及"者，乃全不适用于商王，使人发生其同于辽代君主在混同江上钓鱼之感。又"济"、"齐"本是一字，如用以标水名，不着水旁亦可。洹水之"洹"有时作"亘"，可以为证。《卜辞》中有"齐陳"，而"齐陳"又近于夷方，此必指济水上地名而言（《殷墟书契前编》卷二第十五叶，"癸巳，卜贞王旬亡㕻，在二月，在齐陳，隹王来正［征］𠂤［夷］方"。董彦堂先生示我此条）。商之先世或者竟逆济水而向上拓地，至于孟诸，遂有商丘，亦未可定。薄姑旧址去海滨不远。此一带海滨，近年因黄河之排沙，增加土地甚速。古时济漯诸水虽不能如黄河，亦当有同样而较弱之作用。然则薄姑地望正合于当年济水之入海口，是当时之河海大港无疑。至于"肃慎燕亳"之亳，既与肃慎、燕并举，或即为其比邻。若然，则此之一亳正当今河北省之渤海岸，去薄姑亦在数百里以至千里之内。今假定商之先世起源于此之一亳，然后入济水流域，逆济水西上，沿途所迁，凡建社之处皆以旧名名之，直到陕西省境，于是有如许多之亳。此设想虽不能直接证明，然如上文所排列之事实，惟似惟有此解能适合之。

（三）商代拓土之三期

商代享国六百年之说，今无从确证。《史记》所载之世系，按之《卜辞》，大体不差。虽帝王之历世甚多，然其间不少兄弟，或者《史记集解》引《汲冢纪年》"汤灭夏，以至于受，二十九王，用岁四百九十六年"之一说，较为可信。在此五百年中，大约有两个时期拓土最力，一是成汤时，一是武丁时，合之汤前之相土，共三个时期。此情形《商颂》中说得很明白。于相土曰："相土烈烈，海外有截。"于汤曰："武王载斾……九有有截。韦顾既伐，昆吾夏桀。"于武丁曰："在武丁孙子。武丁孙子，武王靡不胜。龙旂十乘，大糦是承。邦畿千里，维民所止。肇域彼四海，四海来假。"照这样看，并参以他书所记载，这三个时期拓土的范围，当如下文所列。

一、相土的东都，既在太山下，则其西部或及于济水之西岸。又曾截定海外，当是以渤海为宇的。

二、汤时建国在蒙亳，其广野即是所谓空桑，其大渚即是孟诸（即孟渚），盖已取东夷之国，少昊之故域，而为邦畿，而且北向对韦，西向对夏，南向对淮水流域，均拓土不少。

三、盘庚，涉河迁殷后，其西北向之势力更发达。重以"中宗祖乙"（参看初版《观堂集林》九卷二十叶），"治民祇惧，不敢荒宁……享国七十有五年"。"高宗（武丁）时旧劳于外，爰暨小人。……不敢荒宁，嘉靖殷邦……享国五十有九年"。"祖甲……旧为小人，作其即位，爰知小人之依，能保惠于庶民……享国三十有三年"。（均见《书·无逸》）故其势力能越太行，过伊洛，而至渭水。彼时南方之疆域今虽不可考，然既至南巢，已越淮水矣。又周称周侯，崇侯之国在丰，此虽藩国不同邦畿，然亦可见其声威所至。且"高宗伐鬼方，三年克之"一传说（见《易·下经》），证以《诗经》，尤可信。《大雅·荡》云："文王曰咨，咨女殷商。如蜩如螗，如沸如羹。小大近丧，人尚由乎行。内奰于中国，覃及鬼方。"此虽记殷之衰乱，然衰乱时尚能波及于鬼方，强武时鬼方必为其臣属可知。关于鬼方之记载，初不见于发见之卜辞，今春中央研究院始发见一骨，其辞曰，"己酉，卜贞鬼方，囚"。这样记载的稀少，似是鬼方既为殷人平定或威服之证。及纣之将亡，周人尚称之曰，"殷商之旅，其会如林"，而周人之剪服东方，历文武周公成王三世而"康克安之"。然则商人所建之帝国，盛时武力甚大，败后死而难僵。此一东起海东，西至岐阳之大帝国，在当时的文化程度中能建设起来，不能不算是一件绝伟大的事。想必凭特殊的武器及坚固的社会组织，方能做到。

二、夏迹

商代发迹自东徂西的踪迹已在上一章大致条别清楚，向上推一步便是夏代，我们且看夏代的踪迹分布在何一方。

禹的踪迹的传说是无所不在的，北匈奴、南百越都说是禹后，而龙门会稽禹之迹尤著名，即在古代僻居汶山（岷山）一带不通中国的蜀人，也一般的有治水传说（见扬雄《蜀王本纪》，臧氏辑本）。虽东方系之商人，也说"濬哲维商，长发其祥。洪水芒芒，禹敷下土方"，明明以禹为古之明神。不过春秋以前书中，禹但称禹，不称夏禹，犹之稷但称稷，不称夏稷或周稷，自启以后方称夏后。启之一字盖有始祖之意，汉避景帝讳改为开，足征启字之诂。其母系出于涂山氏，显见其以上所蒙之禹若虚悬者。盖禹是一神道，即中国之Osiris。禹鲧之说，本中国之创世传说（Genesis）。虽夏后氏祀之为宗神，然其与夏后有如何之血统关系，颇不易断。若匈奴号为夏后之裔，于越号称少康之后，当皆是奉禹为神，于是演以为祖者。如耶稣教之耶和华上帝，本是犹太一族之宗神,故《创世纪》言其世系,而耶稣教推广到他民族时,奉其教之民族,亦群认耶和华为人祖,亚当为始宗矣。然则我们现在排比夏迹,对于关涉禹者应律除去,以后启以下为限,以免误以宗教之范围,作为国族之分布。

所谓夏后氏者,其名称甚怪,氏是族类,后为王号,何以于殷曰殷人,于周曰周人,独于夏曰夏后? 意者诸夏之部落本甚多,而有一族为诸夏之盟长,此族遂号夏后氏。今将历代夏后之踪迹辑次如下。

(1)见于《左传》者

帝丘 僖三十一,"卫迁于帝丘……卫成公梦康叔曰:'相夺予享。'公命祀相。宁武子不可,曰:'鬼神非其族类,不歆其祀。杞鄫何事! 相之不享,于此久矣,非卫之罪也!'"杜云:"帝丘,今东郡濮阳县。"

殽 僖三十二,"殽有二陵焉:其南陵,夏后皋之墓也;其北陵,文王之所避风雨也。"杜云:"殽在弘农渑池县西。"

穷石 此为夏之敌国,事见襄四年,本文及讨论均见下章。空桑又曰穷桑,见昭二十九年。穷石当即空桑之音转。至斟灌过戈鬲诸地所在,则杜云,"有鬲国名,今平原鬲县";"乐安寿光县东南有灌亭,北海平寿县东南有斟亭";"东莱掖县北有过乡,戈在宋郑之间"。

有莘 僖二十八,记晋文城濮之战,有云,"晋侯登有莘之虚,以观师,曰,'少长有礼,其可用也。'遂伐其木,以益其兵。己巳,晋师陈于莘北"。据此,有莘必去城濮甚近。有莘相传为夏诸侯,伊尹其一代之小臣也。

斟灌　斟寻　襄四，杜云：“乐安寿光县东南有灌亭，北海平寿县东南有斟亭。”按，《水经注·巨洋水篇》引薛瓒《汉书集注》云：“汲郡古文，相居斟灌，东郡观是也。”（段玉裁云，《经韵楼集》五今本《水经注》观讹为灌，而戴校未正。）据此，斟灌仍在东郡，去帝丘不远。杜释此之误显然。此地既误释，其释斟寻之误亦可推知矣。

东夏　襄二十二，“晋人征朝于郑，郑人使少正公孙侨对曰……间二年，闻君将靖东夏。四月，又朝以听事期”。杜云：“谓二十年澶渊盟，先澶渊二月往朝，以听事期。”按以二十年经传所载事，杜说不误。至澶渊所在，杜云，“在顿丘县南，今名繁污，此卫地，又近戚田”。按，卫为东夏，则夏之本土当在东夏卫地之西，但持此一条以证夏境不在东土，已充足矣。

又昭元，“子相晋国，以为盟主，于今七年矣。再合诸侯，三合大夫，服齐狄，宁东夏，平秦乱，城淳于”。杜于“宁东夏”下注云，“襄二十八年，齐侯白狄朝晋”。

又昭十五，“文公受之，以有南阳之田，抚征东夏”。按，晋文东征者为曹、卫，此又以曹、卫为东夏。

华夏　襄二十六，“子仪之乱，析公奔晋。晋人置诸戎车之殿，以为谋主……晋人从之，楚师宵溃，晋遂侵蔡，袭沈，获其君，败申息之师于桑隧，获申丽而还。郑于是不敢南面。楚失华夏，则析公之为也”。此指蔡、沈及邻于楚北境诸国为华夏。

观扈　昭元，“夏有观扈”。杜云，“观国在今顿丘县，扈在始平鄠县”。此皆夏之敌国，当即夏之边境。

大夏　昭元，"子产曰，'昔高辛氏有二子，伯曰阏伯，季曰实沈，居于旷林，不相能也。日寻干戈，以相征讨。后帝不臧，迁阏伯于商丘，主辰。商人是因，故辰为商星。迁实沈于大夏，主参，唐人是因，以服事夏商……及成王灭唐，而封太叔焉，故参为晋星。'"杜曰，"大夏，晋阳也"。按，大夏与夏墟究竟在晋阳抑在翼，在地理书有异说（如《括地志》），近代学人有异论（如顾亭林、全谢山），二地相去亦数百里。然皆在汾水之旁，不关山东也。

钧台　昭四，"夏启有钧台之享"。杜云，"河南阳翟县南有钧台陂"。

仍缗　昭四，"夏桀为仍之会，有缗叛之"。杜于此不能指其所在，但云，"仍、缗皆国名"，哀元年注亦然。《史记正义》引《帝王世纪》云："桀之杀帝相也，妃仍氏女曰后缗，归有仍，生少康。"（此本哀元年传）《正义》于他地名几皆有说，于此亦无说。

夏墟　定四，"分唐叔以大路、密须之鼓，阙巩、沽洗，怀姓九宗，职官五品，命以《唐诰》，而封于夏墟。启以夏政，疆以戎索"。此更直示吾人，晋为夏之本土。

涂山　哀七，"禹合诸侯于涂山，执玉帛者万国"。杜云，"涂山在寿春东北"。按昭四有"三涂"之名，杜云，"在河南陆浑县南"。涂山或即三涂之一。

（2）见于《国语》者

伊洛　《周语》上，"幽王二年，西周三川皆震。伯阳父曰，'……昔伊洛竭而夏亡，河竭而商亡，今周德若二代之季矣'"。按伊洛于夏，犹西周三川之于周，河之于殷，据此可知夏之地望以伊洛为本土矣。

崇山　聆隧　《周语》上，"昔夏之兴也，融降于崇山。其亡也，回禄信于聆隧"。韦云，"崇，崇高山也。夏居阳城，崇高所近"。又云，"聆隧，地名也"。按，韦以崇为嵩高。

有崇　《周语》下，"其在有虞，有崇伯鲧，播其淫心，称遂共工之过，尧用殛之于羽山。其后伯禹念前之非……"据上节所引韦解，崇即嵩高。然《诗·文王篇》云，"既伐于崇，作邑于丰"，是崇国境当殷末在渭南。渭南之山境亦东与嵩高接。又《左传》宣元，"晋欲求成于秦，赵穿曰，'我侵崇，秦急崇，必救之（杜云，崇，秦之与国），吾以求成焉'。冬赵穿侵崇，秦弗与成"。然则春秋时晋秦界上犹有以崇为号之国，此亦可知崇在西土。

杞鄫　同节，"有夏虽衰，杞鄫犹在"。按，杞在春秋时由今杞县境东迁，鄫则杜云，"在琅邪鄫县"（僖十四）。然《国语》记西周亡时事云："申缯西戎方强，王室方骚……王欲杀太子以成伯服，必求之申。申人弗畀，必伐之。若伐申而缯与西戎会以伐周，周不守矣。"果鄫（缯）本在琅邪，势难与申西戎会伐周。然则鄫在琅邪，亦是后来东迁所至。

戎夏　《晋语》一，"献公卜伐骊戎，史苏占之……对曰：'……戎夏交捽……若晋以男戎胜戎，而戎亦必以女戎胜晋……诸夏从戎，非败而何？'"此以晋为夏，与《左传》定四封唐叔于夏墟事合。

昆吾　《郑语》，"昆吾为夏伯矣"。准以《诗·商颂》

"韦顾既伐,昆吾夏桀"之说,昆吾当非诸夏之一,而别为一族,然与夏族当有若何关系。至昆吾所在,则《左传》昭十二楚子云,"昔我皇祖伯父昆吾旧许是宅,今郑人贪赖其田而不我与",可知昆吾在许,即今许昌一带。

东夏 《楚语上》,"析公奔晋,晋人用之,实谮败楚,使不规东夏。"韦云,"东夏,沈蔡也。"按此即《左》襄二十六事,彼处称华夏,此处称东夏。

诸夏 《吴语》,"昔楚灵王不君……不修方城之内,逾诸夏而图东国"。韦云,"诸夏,陈蔡。东国,徐夷吴越"。此更明明证夏之不在东土。

(3)见于《诗》者

雅 雅之解说不一,《诗序》云,"雅者正也,言王政之所由废兴也"。此真敷衍语。《小雅·鼓钟篇》云,"以雅以南",南是地域名(详见《〈诗经〉讲义》),则雅之一辞当亦有地名性。《读书杂志》:《荀子·荣辱篇》"君子安雅"条云,"雅读为夏,夏谓中国也,故与楚越对文。《儒效篇》:居楚而楚,居越而越,居夏而夏,是其证。古者夏、雅二字互通,故《左传》齐大夫子雅,《韩子·外储说右篇》作子夏,杨注云,正而有美德谓之雅,则与上下二句不对矣"。(阮元亦以雅言之雅为夏。)此真确解,可破历来一切传说者之无知妄解。由此看来,《诗经》中一切部类皆是地名,诸国风不待说,雅为夏,颂分周、鲁、商。然则国风之名,四始之论,皆后起之说耳。雅既为夏,而夏辞之大小雅所载,若一一统计其地望，则可见宗周成周文辞较多，而东土之文辞较少。周自以为承夏绪，而夏朝之地望如此，恰与《左传》《国语》所记之夏地相合。（此说详见我所作《〈诗经〉讲义》，未刊，其略见《新获卜辞写本后记跋》，《安阳发掘报告》第三八五叶。）

（4）见于《周诰》者

区夏 《康诰》，"惟乃丕显考文王，克明德慎罚，不敢侮鳏寡，庸庸，祗祗，威威，显民，用肇造我区夏，越我一二邦，以修我西土"。按，"区"字不见《说文》，薛综注《东京赋》云，"区，区域也"，然则区夏犹曰有（域）夏，犹曰夏域，即夏国也。文王造邦于西土，而云始造我夏国，则夏之在西土可知。

（5）此外见于《史记》《战国策》者一段（按《史记》所引杂乱，故不遍举，此节甚关重要，不可遗之。）

河洛 太华 伊阙 羊肠 《吴起列传》："起对曰……夏桀之居，左河济，右泰华，伊阙在其南，羊肠在其北。"按此语见今本《战国策》二十二。然彼处作"左天门之阴，而右天谿之阳"，虽亦谓左带水而右倚山，未如《史记》言之质实，故录《史记》。金鹗（求《古录礼说》八）据此以证夏桀之都在雒阳。今按，桀都正当雒阳否，另是一问题，然桀之国环洛阳，则依此语当无可疑。

据以上各书所记夏地,可知夏之区域,包括今山西省南半,即汾水流域;今河南省之西部中部,即伊洛嵩高一带;东不过平汉线;西有陕西一部分,即渭水下流。东方界线,则其盛时曾有济水上流,至于商邱,此便是与夷人相争之线,说详下章。最西所至,我们现在不知究到何处,汉陇西郡有大夏县,命名不知何本,更不知与夏后之夏有否关系。最南所至,我们也不知,《汉·地理志》谓汉水将入江时名夏水,今尚保存江夏诸名,或者诸夏不能如此南披。且《荀子·儒效篇》云,"君子居楚而楚,居夏而夏",楚夏对称,自不能以楚为夏。楚国之最大版图中,尽可包含一部分诸夏,而诸夏未必能过荆襄而括江汉,或者此之名夏竟是同音异辞。陈、范记关羽据荆州北伐曹操事云,"威震华夏",是汉末犹以华夏为三辅三河汝颍等地之专名,未尝括九州而言。我们现在知诸夏西南北三方所至之大齐,而以东夏之称,夷夏之战(此事详下章),确知夏之东界,则以古代河、济、淮、泗的中国全部论,夏实西方之帝国或联盟,曾一度或数度压迫东方而已。与商殷之为东方帝国,曾两度西向拓土,灭夏克鬼方者,正是恰恰相反,遥遥相对。知此形势,于中国古代史之了解,不无小补也。

三、夏夷交胜

严格意义的诸夏所据之地域已如上章所述,至于夏后一代的大事现在可得而考见的,是些什么呢?答曰,统是和所谓夷人的斗争。"夷"一个名词应如何解,留在下一章中说明。其字在殷周文书每与"人"字一样,音亦与"人"相近,这是很可注意的。现在假定,凡在殷商西周以前,或与殷商西周同时所有今山东全省境中,及河南省之东部、江苏之北部、安徽之东北角,或兼及河北省之渤海岸,并跨海而括辽东朝鲜的两岸,一切地方,其中不是一个民族,见于经典者,有太皞、少皞、有济、徐方诸部,风、盈、偃诸姓,全叫做夷。《论语》有九夷之称,明其非一类。夏后一代的大事正是和这些夷人斗争。此事现在若失传,然一把经典的材料摆布起来,这事件十分明显。可惜太史公当真不是一位古史家,虽羿、浞、少康的故事,竟一字不提,为其作正义者所讥。求雅驯的结果,弄到消灭传说中的史迹,保留了哲学家的虚妄。

现在说羿、浞与夏后少康的故事,先将材料排列出来。

(1)见于《左传》者

> 魏绛曰……"《夏训》有之,曰有穷后羿。"公曰:"后羿何如?"对曰:"昔有夏之方衰也,后羿自𫓧迁于穷石,因夏民以代夏政。恃其射也,不修民事,而淫于原兽。弃武罗、伯困、熊髡、尨圉,而用寒浞。寒浞,伯明氏之谗子弟也,伯明后寒弃之。夷羿收之,信而使之,以为己相。浞行媚于内,而施赂于外,愚弄其民,而虞羿于田。树之诈慝,以取其国家,外内咸服。羿犹不悛,将归自田,家众杀而亨之,以食其子。其子不忍食诸,死于穷门。靡奔有鬲氏。(杜曰,靡,夏遗臣事羿者。有鬲,国名,今平原鬲县。)浞因羿室生浇及豷。恃其谗慝诈伪,而不德于民。使浇用师灭斟灌及斟寻氏,处浇于过,处豷于戈。靡自有鬲氏

收二国之烬以灭浞，而立少康。少康灭浞于过，后杼灭殪于戈。有穷由是遂亡，失人故也。昔周辛甲之为太史也，命百官，官箴王阙。于《虞人之箴》曰：'芒芒禹迹，画为九州。经启九道，民有寝庙，兽有茂草，各有攸处，德用不扰。在帝夷羿，冒于原兽，忘其国恤，而思其麀牡。武不可重，用不恢于夏家。兽臣司原，敢告仆夫。'"（襄四年）

昔有仍氏生女黰黑而甚美，光可以鉴，名曰玄妻。乐正后夔取之，生伯封，实有豕心，贪惏无餍，忿颣无期，谓之封豕。有穷后羿灭之，夔是以不祀。（昭二十八年）

伍员曰："不可，臣闻之，树德莫如滋，去疾莫如尽。昔有过浇，杀斟灌，以伐斟鄩，灭夏后相。后缗方娠，逃出自窦，归于有仍。生少康焉，为仍牧正。惎浇，能戒之。浇使椒求之，逃奔有虞，为之庖正，以除其害。虞思于是妻之以二姚，而邑诸纶，有田一成，有众一旅。能布其德，而兆其谋，以收夏众，抚其官职。使女艾谍浇，使季杼诱殪，遂灭过戈，复禹之绩。祀夏配天，不失旧物……"（哀元年）

（2）见于《论语》者

南宫适问于孔子曰："羿善射，奡荡舟，俱不得其死然。禹、稷躬稼而有天下。"夫子不答。南宫适出，子曰："君子哉若人，尚德哉若人！"（《宪问》篇）

（3）见于《楚辞》者

　　羿淫游以佚畋兮，又好射夫封狐。固乱流其鲜终兮，浞又贪夫厥家。浇身被强圉兮，纵欲而不忍。日康娱而自忘兮，厥首用夫颠陨。(《离骚》)

　　羿焉彃日？乌焉解羽？……帝降夷羿，革孽夏民。胡羿射夫河伯，而妻彼雒嫔？冯珧利决，封狶是射。何献蒸肉之膏，而后帝不若？浞娶纯狐，眩妻爰谋。何羿之射革而交吞揆之？阻穷西征，岩何越焉？化为黄熊，巫何活焉？咸播秬黍，莆雚是营。何由并投，而鲧疾修盈？白蜺婴茀，胡为此堂？安得夫良药不能固臧？天式从横，阳离爰死。大鸟何鸣，夫焉丧厥体？萍号起雨，何以兴之？撰体协鹿，何以膺之？鳌戴山抃，何以安之？释舟陵行，何以迁之？惟浇在户，何求于嫂？何少康逐犬，而颠陨厥首？女歧缝裳，而馆同爰止，何颠易厥首，而亲以逢殆？(《天问》)

（4）见于《山海经》者

　　羿与凿齿战于寿华之野，羿射杀之，在昆仑虚东。羿持弓矢，凿齿持盾。一曰戈。(《海外南经》。按，"一曰戈"三字，或是注文羼入者。)

　　有人曰凿齿，羿杀之。(《大荒东经》)

　　帝俊赐羿彤弓素矰以扶下国，羿是始去恤下地之百艰。(《海内经》)

　　非仁羿莫能上。(按，"仁"字当为"夷"字之读，两字

皆从人,形近故致误）

（5）见于《吕氏春秋》者

夷羿作弓。(《勿躬》)

（6）见于《说文》者

羿,羽之羿风,亦古诸侯也,一曰射师。（四,羽部）
𢍕,帝喾躬官,夏少康灭之。从弓开声。《论语》曰：
"𢍕,善射。"（十二,弓部。又同部𢍕下引《楚辞》"羿焉
𢍕日",羿亦作𢍕。）

又,《史记》于羿事不载,《正义》讥之。《世本》（见各辑
本）谓夷羿作弓。《帝王世纪》所记羿事特详（见宋翔凤辑本）。
然数书皆不出上文所举,故不录。

据以上材料,有数点须分解。

一、羿的地位。如罗泌所作传,及其比之于安史,则羿、浞
只是夏之叛臣。然此说完全无据,以上一切材料全不曾说羿是
夏之属臣。然则夷羿必是夏之敌国之君,且此敌国之君并不等
闲,以《天问》《山海经》所说,居然是天神,而奉天帝命降于
下土者,为夷之君,自鉏迁穷桑,而为后人号为帝羿或曰羿帝。
（《御览》八十二引《帝王世纪》）

二、夷为东方主。此说可由其称夷羿及《说文》称羿为帝喾
（据王国维考,即帝俊）射官,及其地望等事证之。

三、夷夏之争数十年，在夷一面经羿、豷二宗，在夏一面经相、少康二世，战斗得必然很厉害。《天问》所谓"阻穷西征"者，王逸解之曰："言尧放鲧羽山，西行度越岑岩之地，因堕死也。"洪兴祖补曰："羽山东裔，此云西征者，自西徂东也。上文言永遏在西山，夫何三年不施，则鲧非死于道路，此但言何以越岩险而至羽山耳。"按王说无稽，洪已辩之，然洪强释西征曰自西徂东，古书中全无此文法。此处明明谓阻（即钽）穷（石）之后帝羿西征，而越山岩，不然，"西征"一词全不可解，正不得以同韵之下句中说鲧化为黄熊事，而谓此句亦是鲧事。

四、《左传》之神话故事已很伦理化，且《左传》之成分大体为晋、楚、鲁三国之语，而其立点是偏于西国夏、周之正统传说，所以说羿、豷甚不好。但《山海经》之为书，虽已系统化，尚未伦理化，且记东方的帝系较多。这部书中所举夷羿事，很足以表显战国时羿、豷的传说尚甚盛。《山海经》与《天问》互相发明处甚多，《天问》称羿之重要全与《山海经》合。所谓"羿焉彃日"，正在《天问》中论创世纪一节中，则羿本是天神。所谓"帝降夷羿"者，正《山海经》所谓"帝俊赐羿彤弓素矰，以扶下国，羿是始去恤下地之百艰"。《天问》一篇，本颇有次序，王逸以为不次序者，乃由于不知《天问》所陈是流行神话故事之次序，不与汉代人之古史传说同，故不能解（余另有说见他处），其羿、浞之间插入鲧之一段若甚错乱者，当由于《天问》之次序乃神话之次序；一神话中有数人关涉者，则一次说出，不嫌前后错综。"阻穷西征，岩何越焉"一句，至下文"释舟陵行，何以迁之"，凡十二句中，有涉及鲧处，并有若干因失其神话而不可解之故事，皆可据上下文细绎之，以知其正是说夷夏交战事。此节盖谓

羿、羿相继西征,曾越山地,自鲧永遏于羽山后,禹平水土,秬、
秠、蘸皆茂长,巫乃将鲧化为黄熊。(《天问》所记鲧事,与《左
传》《尚书》等皆不同。《尚书》《左传》皆谓舜殛鲧于羽山,然
《天问》云:"永遏在羽山,夫何三年不施。")当夏代危急,遂
与能荡舟之羿战,适其时羿妻窃药而行(本文,"安得夫良药不
能固藏")并有其他怪异("白蜺婴茀"、"天式从横"等语),于
是大战得雨起山抃,荡舟者不得不释舟陵行,逃归其嫂,而卒为
太康并得之。如此解来,则《论语》南宫括之问正甚明白。南宫
括这话并不是泛举古帝王羿、羿、禹、稷而强比之,乃是论一段
故事,东土强有力者失其国,西土务耕稼者有天下。《鲁语》上:
"昔烈山氏之有天下也,其子曰柱,能殖百谷百蔬。夏之兴也,
周弃继之。"明禹、稷可作一事论。孔子对神话也如对鬼神一样
敬而远之,且以其"君子相"之故,不愿于此等圣帝明王有所议
论,故当面不答,而背后称赞南宫适对此神话之题旨、西洋故事
中所谓Moral者,甚能了解。若不如此,而是泛做一篇秦皇、汉
武与汉文、宋仁之优劣论,殊不免于糊里糊涂。《论语》中论一事
皆以一事为论,尚无策论八股气。南宫适这一段话,正可证明夷
羿在当时的传说中并不大坏。若羿、羿不是当时神话中的大人
物,何至与传说中功在生民之禹、稷相提并论,岂不不伦的很,
不需要的很?

　　然则夷羿之故事,我们在现在尚可见到三种传说:一、以
夷羿为自天而降甚高明者,《山海经》《天问》属之。二、以夷
羿与夏后为对,而以为一崇力一崇德,故一兴一替者,此等之成
败论人,《论语》记南宫适所问之背景如此。三、以夷羿为不合
道理者,《左传》如此,然尚称之曰"后",记其曾"因夏民而代夏

政"（夏民者，夏所服属之民，不必改作夏族）。凡读一切神话故事，都须注意及同一题目常因流传之不同而其中是非倒置。此是一例，鲧亦是一例。同在《国语》中，《周语下》谓"崇伯鲧播其淫心，称遂共工之过"，《鲁语上》谓"鲧鄣洪水"，故夏后"郊鲧"，《吴语》亦谓"鲧禹之功"，我们不可不注意传说之演变及其道德批评之改易。

夏后一代中夷夏之争，不仅见于有穷后羿一段故事，夏代开国亡国时皆有同样的争斗。现在分别说。

（一）夏后启与伯益之争统。关于这件事，战国的传说有两种，一谓启益相让，二谓启益相争。

> 《孟子》：禹荐益于天。七年，禹崩。三年之丧毕，益避禹之子于箕山之阴。朝觐讼狱者，不之益而之启，曰："吾君之子也！"讴歌者不讴歌益，而讴歌启，曰："吾君之子也。"
>
> 《天问》：启代益作后，卒然离蠥。何启惟忧，而能拘是达？皆归射鞫，而无害厥躬？何后益作革，而禹播降？
>
> 古本《竹书》：益干启位，启杀之。（引见《晋书·束皙传》，《史通·疑古篇》《杂说篇》两引之。）

《孟子》的古史都是些伦理化的话，然这一段中还看出这个故事本来面目的背景，此背景即是说，代禹者几乎是益，而启卒得之。这话里虽不直说有何争执，但还可隐约看出对峙的形势来。至于《竹书》的话，虽不能即信，但益启之有争执，虽《孟子》的话中也表示个破绽。因为让争本是一事的两面，不是相争的形势，不需相让的态度。《天问》的话，因故事遗失不大好讲，然益称后，又曾一度革夏命，则甚明白。

我们再看伯益是如何人。经籍中有伯益、伯翳二人，太史公在《陈杞世家》中分为二人，然在他处则不分。《索隐》议之曰："秦祖伯翳，解者以翳、益别为一人。今言十一人，叙伯翳，而又别言垂益，则是二人也。且按《舜本纪》叙十人，无翳，而有彭祖。彭祖亦坟典不载，未知太史公意如何，恐多是误。然据《秦本纪》叙翳之功云，佐舜驯调鸟兽，与《尧典》'命益作虞，若予上下草木鸟兽'文同，则为一人必矣，今未详其所以。"按，此议甚是。太史公在此处诚糊涂。罗泌重申二人不同之说，然全无证，金仁山辩之曰：

> 《尚书》之伯益，即《秦纪》之柏翳也。秦声以入为去，故谓益为翳也。《秦纪》谓柏翳佐禹治水，驯服鸟兽，岂非《书》所谓随山刊本，暨益奉庶鲜食，益作朕虞，若予上下鸟兽者乎？其事同，其声同，而太史公独以书纪字异，乃析一人而二之，可谓误矣。唐虞功臣，独四岳不名，其余未有无名者。夫岂别有伯翳，其功如此，而《书》反不及乎？太史公于二帝本纪言益，见《秦本纪》为翳，则又从翳，岂疑而未决，故于《陈杞世家》叙伯益与伯翳为二乎？抑出于谈迁二手，故其前后谬误也。（梁玉绳说同，〔见《史记志疑·人表考》〕不具引。）

金氏此说甚明白，此疑可以更无问题。益、翳既是一人，翳又为秦赵公认之祖，然则即是嬴姓之祖，亦即是徐方之祖，亦即是

《逸周书·作雒解》所谓"周公立，相天子，三叔及殷东（东亦地域名，说别见。）徐奄及熊盈以略"之盈族之祖，然则伯益正是原原本本的东夷之祖，更无疑义。益启之争，不即是夷夏之争吗？

（二）汤放桀，等于夷灭夏。商人虽非夷，然曾抚有夷方之人，并用其文化，凭此人民以伐夏而灭之，实际上亦可说夷人胜夏。商人被周人呼为夷，有经典可证，说另详。

然则夏后一代的三段大事，开头的益启之争便是夏夷争，中间的羿少康之争又是夷夏之争，末后的汤桀之争还是夷夏之争。夏代东西的斗争如此厉害，而春秋战国的大一统主义哲学家都把这些显然的史迹抹杀了，或曲解了！

四、诸夷姓

诸夏所在既如上章所述，与之对峙之诸夷，乃并不如诸夏之简单，所谓"夷"之一号，实包括若干族类，其中是否为一族之各宗，或是不同之族，今已不可详考，然各夷姓有一相同之处，即皆在东方，淮济下流一带。现将古来为人称为夷者各族，或其子孙列为东夷者，或其地望正所谓夷地者，分别疏解如下。

（一）太皞之族

太皞与太昊为一辞，古经籍多谓即是伏羲氏，或作包牺氏。关于太皞之记载见于早年经籍者如下：

《左传》僖二十一："任、宿、须句、颛臾，风姓也，实司太皞与有济之祀，以服事诸夏。邾人灭须句，须句子来奔，因成风也。成风为之言于公曰：'崇明祀，保小寡，周礼也；蛮夷猾夏，周祸也。若封须句，是崇皞、济而修祀，纾祸也。'"杜云："四国，伏羲之后。任，今任城县，颛臾在泰山南武阳县东北，须句在东平须昌县西北。四国封近于济，故世祀之。"按，杜释有济误。有济正如有夏、有殷，乃是古国名，四国其后，或其同姓耳。又昭十七："太皞氏以龙纪官，故为龙师而龙名。"

又同年："陈，太皞之虚也。"

《论语》："季氏将有事于颛臾……孔子曰：'……昔者先王以为东蒙主，且在邦域之中矣，是社稷之臣也。何以伐为？'"按，此足证颛臾本为鲁之附国。

《易·系辞》下："古者包牺氏之王天下也，仰则观象于天，俯则观法于地，观鸟兽之文，与地之宜，近取诸身，远取诸物，于是始作八卦，以通神明之德，以类万物之情。作结绳而为罔罟，以佃以渔，盖取诸离。"按，《御览》七百二十引《帝王世纪》与此大同，惟"作结绳"作"造书契以代结绳之政"，与此异。

《帝王世纪》："太昊帝庖牺氏，风姓也。蛇身人首。有圣德，都陈。作瑟三十六弦。燧人氏没，庖牺氏代之。继天而生，首德于木，为百王先。帝出于震，未有所因，故位在东方，主春，象日之明，是称太昊。制嫁娶之礼，取牺牲以充庖厨，故号曰庖牺氏。后世音谬，故或谓之宓牺。"（《御览》七十八引作《皇王世纪》）。自此以下皆据宋翔凤辑本。)

又：“太皞帝庖牺氏，风姓也。母曰华胥。遂人之世，有大人之迹，出于雷泽之中，华胥履之，生庖牺于成纪，蛇身人首。有圣德，为百王先。帝出于震，未有所因，故位在东，主春，象日之明，是以称太皞。”（《礼记·月令正义》引）

又：“女娲氏亦风姓也，承庖牺制度，亦蛇身人首。一号女希，是为女皇。其末，有诸侯共工氏，任知刑，以强伯，而不王。以水承木，非行次，故《易》不载。及女娲氏没，次有大庭氏、柏皇氏、中央氏、粟陆氏、骊连氏、赫胥氏、尊卢氏、混沌氏、昊英氏、有巢氏、朱襄氏、葛天氏、阴康氏、无怀氏，凡十五世，皆袭庖牺之号。”（《御览》七十八）

又：“庖牺氏作八卦。神农重之为六十四卦。黄帝尧舜引而伸之，分为二易。至夏人因炎帝曰《连山》。殷人因黄帝曰《归藏》。文王广六十四卦，著九六之爻，谓之《周易》。”

《古史考》：“伏牺作瑟。”（《毛诗谱序正义》引）

又：“庖牺作《易》，弘开大道。”（《书钞·帝王部》引）

综合上列诸说，归纳之可得下之二事：

一、太皞族姓之国部之分配，西至陈，东括鲁，北临济水，大致当今河南东隅，山东西南部之平原，兼包蒙峄山境，空桑在其中，雷泽在其域。古代共认太皞为东方之部族，乃分配于淮济间之族姓。

二、太皞继燧人而有此土，在古代之礼乐系统上，颇有相当之贡献；在生活状态上，颇能作一大进步。当是已进于较高文化之民族,其后世并不为人所贱。在周代虽居采卫,而为"小寡",世人犹以为"明祀"也。

(二)少皞之族

关于少昊之记载,见于早年经籍者如下:

《左》昭十七:"郯子来朝,公与之宴,昭子问焉,曰:'少皞氏鸟名官,何故也?'郯子曰:'吾祖也,我知之。昔者黄帝氏以云纪,故为云师而云名。炎帝氏以火纪,故为火师而火名。共工氏以水纪,故为水师而水名。大皞氏以龙纪,故为龙师而龙名。我高祖少皞挚之立也,凤鸟适至,故纪于鸟,为鸟师而鸟名。凤鸟氏,历正也;玄鸟氏,司分者也;伯赵氏,司至者也;青鸟氏,司启者也;丹鸟氏,司闭者也;祝鸠氏,司徒也;鴡鸠氏,司马也;鸤鸠氏,司空也;爽鸠氏,司寇也;鹘鸠氏,司事也。五鸠,鸠民者也。五雉,为五工正,利器用,正度量,夷民者也。九扈,为九农正。扈民无淫者也。自颛顼以来,不能纪远,乃纪于近,为民师而命以民事,则不能故也。'仲尼闻之,见于郯子而学之,既而告人曰:'吾闻之,天子失官,学在四夷,犹信。'"(按,此乃古代之图腾制。古代称图腾曰"物",说别详。)

昭二十九:"少皞氏有四叔,曰重,曰该,曰修,曰熙,实能金木及水。使重为句芒,该为蓐收,修及熙为玄冥。世不失职,遂济穷桑。此其三祀也。"(杜云,穷桑地在鲁北。按,即空桑。)

定四:"因商奄之民,命以伯禽,而封于少皞之虚。"
(据此,知曲阜为少皞氏之本邑。)

《楚语》:"及少皞之衰也,九黎乱德。民神杂糅。不可方物。"

《帝王世纪》:"少昊帝,名挚,字青阳,姬姓也。母曰女节。黄帝时,有大星如虹,下流华渚。女节梦接,意感生少昊。是为玄嚣,降居江水。有圣德,邑于穷桑,以登帝位,都曲阜,故或谓之穷桑。帝以金承土……故称少昊,号金天氏。"(引见《御览》七十九)

《古史考》:"穷桑氏,嬴姓也。以金德王,故号金天氏。或曰,宗师太皞之道,故曰少皞。"(《太平御览·帝王部》引)

《海内经》:"少皞生般,般是始为弓矢,帝俊赐羿彤弓素矰,以扶下国。"

综合以上所记,除其矛盾处以外,其地望大致与太皞同,而位于空桑之野之曲阜,尤为少皞之本邑。太皞、少皞皆是部族名号,不是个人私名,在古代记载上本甚明白。所谓伏牺氏、金天氏者,亦非能名之于一人者。至战国末汉初年之易系,始有"尧舜氏"一类的名词。然"尧舜氏"亦是统指一派,而非单指一人。氏本为部类家族之义,《左传》及其他古籍皆如此用。至于"太""少"二字,金文中本即大小,大小可以地域大小及人数众寡论,如大月氏、小月氏。然亦可以先后论,如大康、少康。今观太皞、少皞,既同处一地,当是先后有别。且太皞之后今可得而考见者,只风姓三四小国,而少皞之后今可考见者,竟有嬴、己、偃、允四著姓,当是少皞之族代太皞之族而居陈鲁一带。太皞族之子遗,仅存太山之南,为零数小部落,而少皞一族,种姓蕃衍。春秋所谓淮夷,每从其姓。商末所谓奄人,亦是嬴姓。且秦赵之祖,皆称嬴姓,比起太皞来,真是有后福的了。今分述少皞四姓于下。

嬴。嬴姓国今可考者有商末之奄,淮夷之徐,西方之秦、赵、梁(《左传》僖十七年,"梁嬴孕过期"),中原之葛(僖十七,"葛嬴"),东南之江、黄。(《史记索隐》引《世本》)据《史记》,伯翳(按,即伯益,详下)为秦赵之祖,嬴姓之所宗。(《世本》同)秦赵以西方之国,而用东方之姓者,盖商代西向拓土,嬴姓东夷在商人旗帜下入于西戎。《秦本纪》说此事本甚明白。少皞在月令系统中为西方之帝者,当由于秦赵先祖移其传说于西土,久而成土著,后世作系统论者,遂忘其非本土所生。《史记》载嬴氏之西封如下:

　　《秦本纪》:"秦之先,帝颛顼之苗裔。(按,颛顼在古帝系统中应属东系,说别详。)孙曰女修。女修织,玄鸟陨卵。女修吞之,生子大业。(此东夷之传说,辨详上文。)大业取少典之子,曰女华。女华生大费,与禹平水土。已成,帝赐玄圭。禹受曰:'非予能成,亦大费为辅。'帝舜曰:'咨尔费,赞禹工,其赐尔皂游,尔后嗣将大出。'乃妻之姚姓之玉女,大费拜受。佐舜调驯鸟兽,鸟兽多驯服。(按,此即皋陶谟之伯益故事。)是为柏翳,舜赐姓嬴氏。大费生子二人,一曰大廉,实鸟俗氏(按,此即所谓少皞以鸟纪官);

二曰若木，实费氏（按，鲁有费邑，见《左传》《论语》，当即费氏之故居。曲阜为少皞之墟，费氏之居去之不远也）。其玄孙曰费昌，子孙或在中国，或在夷狄。费昌当夏桀之时，去夏归商，为汤御，以败桀于鸣条。（此盖汤创业时，先服东夷，后克夏后，故费昌在汤部队中。）太廉玄孙曰孟戏，中衍，鸟身人言。帝大戊闻而卜之使御，吉，遂致使御而妻之。自太戊以下，中衍之后，遂世有功，以佐殷国，故嬴姓多显，遂为诸侯。其玄孙中潏，在西戎，保西垂。（此盖殷人拓土西陲，东夷之费氏为之守戍，遂建部队于西陲。）生蜚廉，蜚廉生恶来，恶来有力，蜚廉善走，父子俱以材力事殷纣。周武王之伐纣，并杀恶来。是时蜚廉为纣石北方，还无所报，为坛霍太山而报。得石棺，铭曰：'帝令处父不与殷乱，赐尔石棺。'以华氏死，遂葬于霍太山。蜚廉复有子曰季胜。季胜生孟增，孟增幸于周成王，是为宅皋狼。（《赵策》，'智伯之赵，请皋狼之地'。盖智伯自大，故请人之皋狼。在汉为县。曰"宅皋狼"者，谓居于皋狼也。）皋狼生衡父，衡父生造父。造父以善御幸于周缪王，得骥温骊骅骝绿耳之驷。西巡狩，乐而忘归。徐偃王作乱，造父为缪王御，长驱归周以救乱。缪王以赵城封造父，造父族由此为赵氏。自蜚廉生季胜已下五世至造父。别居赵，赵衰其后也。恶来革者，蜚廉子也，早死，有子曰女防。女防生旁皋，旁皋生太几，太几生大骆，大骆生非子。以造父之宠，皆蒙赵城，姓赵氏。非子居犬丘，好马及畜，善养息之。犬丘人言之周孝王，孝王召使主马于汧渭之间，马大蕃息。孝王欲以为大骆适嗣。申侯之女，为大骆妻，生子成，为适。

申侯乃言孝王曰：'昔我先郦山之女，为戎胥轩妻，生中滴。以亲故，归周，保西垂。西垂以其故和睦。今我复与大骆妻，生适子成。申骆重婚，西戎皆服，所以为王。王其图之。'（按，周人惯呼殷人曰戎，'戎商必克'，'殪戎殷'，皆其证。则称胥轩为戎者，当亦因其为东方族类也。嬴姓〔费氏〕为商人置之西垂后，婚于西戎之姜姓，〔申为姜姓，则郦山氏亦当为姜姓。〕所生之子，在殷周之末，以母系故，归顺周人。所谓'西垂和睦'者，此其义也。）于是孝王曰：'昔柏翳为舜主畜，畜多息，故有土，赐姓嬴。今其后世亦为朕息马，朕其分土为附庸，邑之秦，使复续嬴氏祀。'号曰秦嬴，亦不废申侯之女子为骆适者，以和西戎。秦嬴生秦侯。"（按，秦史记未与六国同亡，太史公书所记秦之先世必有所本，且此说正与少皞之其他传说相合。纵使秦有冒充之嫌，其由来已久矣。）

《赵世家》："赵氏之先，与秦共祖。至中衍，为帝大戊御。其后世蜚廉，有子二人，而命其一子曰恶来。事纣，为周所杀，其后为秦。恶来弟曰季胜，其后为赵。季胜生孟增，孟增幸于周成王，是为宅皋狼。皋狼生衡父，衡父生造父，造父幸于周缪王。造父取骥之乘匹与桃林盗骊骅骝騄耳献之缪王。缪王使造父御，西巡狩，见西王母，乐之忘归。而徐偃王反，缪王日驰千里马，攻徐偃王，大破之。乃赐造父以赵城，由此为赵氏。"

按，伯翳即伯益（说前详）。伯益与夏有争统之事，其人亦号有平水土之功，已见上文论夷夏交胜一章中，此亦嬴为东夷姓之一证。又《逸周书·作雒解》:"周公立,相天子,三叔及殷东徐奄及熊盈以略……凡所征熊盈族十有七。"所谓熊者,或是楚之同族(按,楚芈姓,而其王名皆曰熊某。金文中熊作酓);所谓"盈"者,当即"嬴"之借字。又,宣八年《左传》经文,"夫人嬴氏薨","葬我小君敬嬴"。《公》《榖》经文皆作"熊氏"、"顷熊",因此近人有疑熊嬴为一名者。然楚王号之熊字本借字,其本字在金文为酓,不可强比。《作雒解》熊嬴并举,不可以为一。且果熊嬴是一姓者,《郑语》详述祝融八姓,不应略此重事,反曰"姜、嬴、荆、芈,实与诸姬代相干"。从此可知嬴熊二词同源之说之无根。果此说不误,则《书》所谓践奄,即《逸周书》所谓略盈族也。此固未可谓为确证,然求之地望,按之传说,差为近是矣。

又《秦本纪·赞》记嬴姓诸氏云:"秦之先为嬴姓,其后分封以国为姓。有徐氏、郯氏、莒氏、终黎氏、运奄氏、菟裘氏、将梁氏、黄氏、江氏、修鱼氏、白冥氏、蜚廉氏、秦氏。然秦以其先造父,封赵城,为赵氏。"此亦东方之徐郯、西方之秦赵,同出一祖之证。

己。按,己本祝融八姓之一。然《世本》云:"莒,己姓。"(隐二正义引)杜预云:"少皞金天氏,己姓之祖也。"(昭十七注)又云:"莒,嬴姓,少昊之后。周武王封兹舆于莒,初都计,后徙莒,今城阳莒县是也。《世本》自纪公以下为己姓,不知谁赐之姓者。"(隐二正义引杜预《世族谱》)据此,祝融八姓之己与莒国之己本非一源,不可混为一事。莒之中道改姓,殊费解。按之文七年《左传》"穆伯娶于莒,曰戴己",是莒己姓有明征,改姓之说,虽或由于"易物",究不能证明或反证之。今应知者,所谓己姓,不出同一之祖,或祖祝融,或祖少皞,或祖黄帝。下文之表，但以祖少皞者为限。

偃。皋陶之后为偃姓，偃姓与嬴姓之关系，可以皋陶与少皞之关系推求之。自《列女传》曹大家注，以为"皋陶之子伯益"（《诗·秦风》疏引），郑玄以为"伯翳实皋陶之子"（《诗谱·秦风》），王符以为"皋陶……其子伯翳"（《潜夫论·氏姓》），此说在后世著书者遂多所尊信。梁玉绳详辨此说之非（《史记志疑》十九，《人表考二·许繇下》），其所举证多近理，至其举《左传》臧文仲皋陶庭坚不祀之叹，以证徐秦之不祖皋陶，即皋陶非伯益之父，尤为确不可易。然古代传说中既有此盛行之一说，自当有所本，盖"皋益同族而异支"（梁玉绳语），以族姓论，二者差近。以时代论，皋陶氏略先于伯益。后世之追造《世本》者（周末此风甚炽，帝系即如此出来者），遂以为伯益父皋陶矣。今固不当泥于皋陶为伯益父之说，同时亦当凭此传说承认偃嬴二宗，种姓上有亲属关系。

然则皋陶之皋，当即太皞、少皞之皞。曰皋陶者，皋为氏，陶为名，犹丹朱商均，上字是邑号，下字是人名。《易林》需之大畜称之曰陶叔，足征陶为私名。《路史·后纪七》云："封之于皋，是曰皋陶。"（按，《路史》卖弄文词而不知别择，好以己意补苴旧文，诚不可据。然宋时所见古书尚多，《世本》等尚未佚，《路史》亦是一部辑佚书，只是书辑得不合法度而已，终不当尽屏而不取。）此说或有所本，亦可为此说之一旁证。皋陶之裔分配在英六群舒之地，似去徐州嬴姓较远，然若信皋陶之皋，即少皞之皞，又知周初曾压迫熊盈（即嬴）之族，所谓平淮夷，惩舒人，皆对此部类用兵者，则当知此部类古先所居，当较其后世所居偏北，少皞之虚，未尝不可为皋陶之邑。

所有少皞诸姓国之地望,今列表如下:

国	姓	时代	地望	附记
郯	嬴(见《史记》《汉志》《潜夫论》)、己(杜说)	始建国不知在何时,当为古代部落,春秋后始亡。	今山东有郯城县。	《汉·地理志》,"郯嬴姓国";《春秋》文四年见。杜于郯姓未明说,然昭十七传云:"郯氏来朝,……昭子问焉,曰:'少皞氏鸟名官,何故也?'郯子曰:'吾祖也。'"杜云:"少皞金天氏,己姓之祖也。"是杜意以郯为己姓。
莒	嬴、己(二姓或同出一源,说见前)	始建国不知在何时,当为古代部落,春秋后灭于楚。	杜云:"今城阳莒县。"	
奄	嬴(《左传》昭二疏,襄二十疏引《世本》)	商代东方大国,灭于周初。	奄在鲁境。	定四:"因商奄之民,命以伯禽,而封于少皞之虚。"按,克商为武王事,践奄为周公事,是奄亡于周公成王时。
徐	嬴(见《左传》《史记》等)	殷时旧国,西周中曾一度强大称王。西伐济河,见《檀弓》。齐桓时服事诸夏,后灭于楚。	其本土应在鲁,后为周公、鲁公逐之。保淮水。《左传》僖三年,杜注:"徐国在下邳僮县东南。"	《书·费誓》,《诗·大雅》《小雅》《鲁颂》,《逸周书·作雒解》等,多记徐事,金文中自称郑王。
江	嬴(《陈杞世家·索隐》引《世本》)	不知建国于何时,文四年灭于楚。	杜云:"江国在汝南安阳县。"	《索隐》引《世本》,江黄并嬴姓。
黄	嬴(同上)	不知建国于何时,僖十二年灭于楚。	杜云:"黄国,今弋阳县。"	

国	姓	时 代	地 望	附 记
赵	嬴（见《左传》《史记》等）	《秦本纪》，缪王以赵城封造父。自晋献公时赵氏世为晋大夫始大。	《集解》引徐广云："赵城在河东永安县。"《正义》引《括地志》云："今晋州赵城县本彘县地，后改永安即造父之邑。"	
秦	嬴（同上）	《秦本纪》，周孝王封非子，邑之秦。	《集解》引徐广曰："今天水陇西县秦亭。"	
梁	嬴（见《左传》《潜夫论》）	不知何时建国，僖十九，灭于秦。	杜云："梁国在冯翊夏阳县。"	
葛	嬴（见《左传》《潜夫论》）	《春秋》桓十五，葛人来朝。	杜云："梁国宁陵县东北。"	《左传》僖十七，有葛嬴为齐桓众夫人之一。据《孟子》，葛与汤为邻。春秋嬴姓之葛与古葛有若何关系，今不可考。
菟裘	嬴（见《史记》《潜夫论》）	隐十一："公曰……使营菟裘。"盖春秋前已亡，为鲁邑。	《寰宇记》："菟裘故城在泗水县北五十里。"	
费	嬴（《史记·秦本纪》）	《书》有《费誓》，盖灭于周初。	春秋鲁邑，后为季氏私邑，今犹名费县。	《书·费誓》，盖即对徐方嬴姓族用兵之誓。

国	姓	时 代	地 望	附 记
群舒	偃(文十二疏引《世本》杜注)	群舒部落,位于淮南。春秋时初灭于徐,卒灭于楚。	僖五,杜曰:"舒国今庐江舒县。"	《左传》文十二:"群舒叛楚。"杜曰:"群舒偃姓,舒庸舒鸠之属。今庐江有舒城,舒城西南有龙舒。"《正义》曰:"《世本》,偃姓,舒庸,舒蓼,舒鸠,舒龙,舒鲍,舒龚。以其非一,故言属以包之。"
六	偃(《陈杞世家索隐》引《世本》)	《春秋》文五:"楚人灭六。"	杜云:"今庐江六县。"	
蓼	偃(同上)	《左》文五:"楚子灭蓼。"	杜云:"今安丰蓼县。"	《左传》文五:"楚子燮灭蓼。臧文仲闻六与蓼灭,曰:'皋陶庭坚,不祀忽诸!德之不建,民之无援,哀哉。'"
英氏	偃(同上)	《春秋》僖十七年:"齐人徐人伐英氏。"杜云:"英氏,楚与国。"又《陈杞世家》:"皋陶之后,或封英六,楚穆王灭之。"		

以上所列,但以见于《左传》《史记》《世本》佚文、左氏杜注者为限,《潜夫论》所举亦略采及,至于《姓纂》《唐宰相世系表略》等书所列,材料既太后又少有头绪,均不列入。

据上表,足知少皞后世之嬴姓一支(宗少皞之己姓国在内）分配在今山东南境、河南东端，南及徐州一带。殷代有奄，为大国。有费，鲁公灭之。盖鲁地本嬴姓本土，所谓"奄有龟蒙，遂荒徐宅，至于海邦，淮夷蛮貊"，是指周人略嬴族之故事。因周人建国于奄土，嬴姓乃南退保淮水，今徐州一带。及周人势力稍衰，又起反抗，西伐济河。周人只能压迫之，却不能灭之，故曰"徐方不回，王曰旋归"，可见是灭不了的。入春秋，徐始式微，而殷人所置嬴姓在西土者，转而强大，其一卒并天下。其别系偃姓在今安徽北部、河南东南隅以及湖北东境者，当亦西周时淮夷部队中人，入春秋，为楚所并。夏商虽有天下，其子孙犹不若此之延绵。若东方人作三代系统，必以之为正统无疑。

此外，"夷"名号下之部落，有有穷后羿，即所谓夷羿，说已见前。又有所谓伯夷者，为姜姓所宗，当与叔齐同为部族之号，别见姜姓篇。又祝融八姓之分配在东海者，亦号曰夷，别见祝融八姓篇，今俱不入此文。

又殷有所谓人方者，似不如释作夷方，其地不知在何处。董彦堂先生示我甲骨文一片，其词云"……在二月，在齐𫑗，隹王来正人方"，是夷方当在济水流域中矣。

上列各部族国邑皆曾为人呼之曰夷，或其后世为人列于夷之一格中。综合其区域所包括，西至今河南之中心，东尽东海，北达济水，南则所谓淮夷徐舒者皆是。这个分布在东南的一大片部族，和分布在偏于西方的一大片部族名诸夏者，恰恰成对峙的形势。这里边的部族，如太皞，则有制八卦之传说，有制嫁娶用火食之传说。如少皞，则伯益一支以牧畜著名，皋陶一支以制刑著名。而一切所谓夷，又皆以弓矢著名。可见夷之贡献于文化者不少。殷人本非夷族，而抚有夷之人民土地，故《吕览》

曰："商人服象，为虐于东夷。"虽到宋襄公，还是忘不了东夷，活活地牺牲了夏代的后人以取悦于东夷。殷曾部分地同化于夷，逸书曰"纣越厥夷居而不事上帝"，似乎殷末已忽略其原有之五方帝的宗教，改从夷俗，在亡国时飞廉恶来诸夷人犹为之死。周武王灭商之后，周公之践奄憨熊盈国，鲁公成王之应付"淮夷徐戎并兴"，仍全是夷夏交争之局面，与启益间，少康羿浞间之斗争，同为东西之斗争。西周盛时，徐能西伐济于河，俨然夷羿陵夏之风势。然经籍中所谓虞夏商周之四代，并无夷之任何一宗，这当是由于虞夏商周四代之说，乃周朝之正统史观，不免偏重西方，忽略东方。若是殷人造的，或者以夷代夏。所谓"裔（疑即衣〔殷〕字）不谋夏，夷不乱华"者，当是西方人的话。夏朝在文化上的贡献何若，今尚未有踪迹可寻，然诸夷姓之贡献却实在不少。春秋战国的思想家，在组织一种大一统观念时，虽不把东夷放在三代之系统内，然已把伯夷、皋陶、伯益放在舜禹庭中，赓歌揖让，明其有分庭抗礼的资格（四岳为姜姓之祖，亦是另一部落。非一庭之君臣，乃异族之酋长。说详姜姓篇）。《左传》中所谓才子不才子，与《书·尧典》《皋陶谟》所举之君臣，本来是些互相斗争的部族和不同时的酋长或宗神，而哲学家造一个全神堂，使之同列在一个朝庭中。"元首股肱"，不限于千里之内，千年之间。这真像希腊的全神堂，本是多元，而希腊人之综合的信仰，把他们硬造成一个大系。只是夷夏列国列族的地望世系尚不尽失，所以我们在今日尚可从哲学家的综合系统中分析出族部的多元状态来。

五、总结上文

说到这里，我们可以综合前几章中所论的结果，去讨论古代中国由部落进为王国（后来又进为帝国）的过程中，东西对峙的总局面。

随便看一个有等高线的中国地图，例如最近《申报》出版的丁文江、翁文灏、曾世英合著《中国分省图》，不免觉得黄河下流及淮济流域一带，和太行山及豫西群山以西的地域，有个根本的地形差别。这样东边的一大片，是个水道冲积的大平原，除山东半岛上有些山地以外，都是些一二百公尺以下的平地，水道改变是极平常的事；若非用人工筑堤防，黄河直无水道可言。西边的一大片是些夹在山中的高地，城市惯分配在河流的两岸。平汉铁路似乎是这个东西地形差别的好界线，不过在河南省境内郑州以下东平原超过平汉线西面几百里，在湖北情形更不整齐了。

我们简称东边一片平地曰东平原区，简称西边一片夹在大山中的高地曰西高地系。

东平原区是世界上极平的大块土地之一，平到河流无定的状态中，有人工河流始有定路，有堤防黄河始有水道，东边是大海，还有两个大半岛在望，可惜海港好的太少，海中岛屿又太少，是不能同希腊比的。北边有热、察两省境的大山作屏障，只是这些山脉颇有缺口，山外便是直把辽洮平原（外国书中所谓满洲平原）经天山北路直到南俄罗斯平原连作一气的无障大区域，专便于游牧人生活的。东平原本有她的姊妹行，就是辽洮平原，不过两者中间以热河山地之限制，只有沿海一线可通，所以本来是一个的,分而为不断的两个了。辽洮平原与东平原的气候颇有差别,这个差别在初期农业中很有意义的,但此外相同处远在东平原与任何平原之上。东平原如以地平论,南端可以一直算到浙西,不过南渡淮水不远,雨量也多了,溪沼也多了,地形与地利全不是一回事了。所以我们的东平原中可有淮南,却不能有江北。东平原中,在古代有更多的泽渚为泄水之用,因垦地及人口之增加,这些泽渚一代比一代少了。这是绝好的大农场而缺少险要形势,便于扩大的政治,而不便于防守。

　　西高地系是几条大山夹着几条河流造成的一套高地系。在这些高地里头关中高原最大,兼括渭泾洛三水下流冲积地,在经济及政治的意义上也最重要。其次是汾水区,汾水与黄河夹着成一个"河东",其重要仅次于渭水区。又其次是伊雒区,这片高地方本不大,不过是关中河东的东面大口,自西而东的势力,总要以雒阳为控制东平原区的第一步重镇。在这三片高地之西,还有陇西区,是泾渭的上游。有洮湟区,是昆仑山脚下的高地。在关之北,过了洛水的上游,又是大块平的高原了。这大高原在地形上颇接近蒙古高原,甚便于游牧人,如无政治力量,阴山是限不住胡马的。在这三片之南,过了秦岭山脉,便是汉水流域。汉水流域在古代史上大致可分汉中、江汉、汉东三区。就古代史的意义说,汉水是长江的正源,不过这一带地方,因秦岭山脉之隔绝,与我们所谓西高地系者不能混为一谈。西高地系在经济的意义上,当然不如东平原区,然而也还不太坏,地形尤其好,攻人易而受攻难。山中虽不便农业,但天然的林木在早年社会发展上是很有帮助的,陵谷的水草是便于畜牧的。这样的地理形势,容易养成强悍部落。西高地系还有一个便利处,也可以说是一种危险处，就是接近西方，若有文化自中央亚细亚或西方亚细亚带来，他是近水楼台。

人类的住家不能不依自然形势，所以在东平原区中好择高出平地的地方住，因而古代东方地名多叫做丘。在西高地系中好择近水流的平坦地住，因而古代西方地名多叫做原。

在前四章中，我们把夷夏殷的地望条理出来，周代之创业岐阳又是不用证的。现在若把他们分配在本章的东西区域，我们可说夷与殷显然属于东系，夏与周显然属于西系。

同在东区之中，殷与夷又不同。诸夷似乎以淮济间为本土，殷人却是自北而南的。殷人是不是东方土著，或是从东北来的，自是可以辩论的问题，却断乎不能是从西北来的，如太史公所说。他们南向一过陇海线，便向西发展，一直伸张到陕甘边界或更西。夷人中，少皞一族，虽也不曾在军事上、政治上有殷人的成功，但似乎人口非常众多，文化也有可观。殷人所以能建那样一个东起辽海西至氐羌的大帝国，也许是先凭着蓟辽的武力，再占有淮济间的经济与人力，所以西向无敌。

同在西系之中，诸夏与周又不尽在一处。夏以河东为土，周以岐渭为本。周在初步发展时，所居比夏更西，但他们在东向制东平原区时，都以雒邑为出口，用同样的形势临制东方。（夏都洛阳说，考见《求古录·礼说》。）

因地形的差别，形成不同的经济生活，不同的政治组织，古代中国之有东西二元，是很自然的现象。不过，黄河淮水上下流域到底是接近难分的地形。在由部落进为帝国的过程达到相当高阶段时，这样的东西二元局势，自非混合不可，于是起于东者，逆流压迫西方。起于西者，顺流压迫东方。东西对峙，而相争相灭，便是中国的三代史。在夏之夷夏之争，夷东而夏西。在商之夏商之争，商东而夏西。在周之建业，商奄东而周人西。在东方盛时，"自彼氐羌，莫敢不来享，莫敢不来王，曰商是常"。在西方盛时，"东人之子，职劳不来。西人之子，粲粲衣服"。秦并六国，虽说是个新局面，却也有夏周为他们开路。关东亡秦，虽说是个新局面，却也有夷人"释舟陵行"，殷人"覃及鬼方"，为他们作前驱。且东西二元之局，何止三代，战国以后数百年中，又何尝不然？秦并六国是西胜东，楚汉亡秦是东胜西，平林赤眉对新室是东胜西，曹操对袁绍是西胜东。不过，到两汉时，东西的混合已很深了，对峙的形势自然远不如三代时之明了。到了东汉，长江流域才普遍地发达。到孙氏，江南才成一个政治组织。从此少见东西的对峙了，所见多是南北对峙的局面。然而这是汉魏间的新局面，凭长江发展而生之局面，不能以之追论三代事。

　　现在将自夏初以来"东西对峙"的局面列为一表，以醒眉目。

正线的东西相争		结　　局	斜线的东西相争		结　　局
东　　西			东　　西		
夷——夏		东西互胜，夷曾一度灭夏后氏，夏亦数度克夷，但夏终未尽定夷地。	殷——鬼方 淮夷——周		东胜西 虽淮夷曾再度危及成周，终归失败。
商——夏 殷——周 六国——秦 陈项等——秦 楚——汉		东胜西 西胜东 西胜东 东胜西 西胜东			

据此表，三代中东胜西之事较少，西胜东之事甚多。胜负所系，

不在一端,或由文化力,或由战斗力,或由组织力。大体说来,东方经济好,所以文化优。西方地利好,所以武力优。在西方一大区兼有巴蜀与陇西之时,经济上有了天府,武力上有了天骄,是不易挡的。然而东方的经济人文,虽武力上失败,政治上一时不能抬头,一经多年安定之后,却是会再起来的。自春秋至王莽时,最上层的文化只有一个重心,这一个重心便是齐鲁。这些话虽在大体上是秦汉的局面,然也颇可以反映三代的事。

谈到这里,读者或不免要问,所谓东平原区,与所谓西高地系,究竟每个有没有他自己的地理重心,如后世之有关洛、邺都、建业、汴京、燕山等。答曰:在古代,社会组织不若战国以来之发达时,想有一个历代承继的都邑,是不可能的。然有一个地理的重心,其政治的、经济的、因而文化的区域,不随统治民族之改变而改变,却是可以找到的。这样的地理重心,属于东平原区者,是空桑,别以韦为辅。属于西高地系者,是雒邑,别以安邑为次。请举其说如下:

在东平原区中,其北端的一段,当今河北省中部偏东者,本所谓九河故道,即是黄河近海处的无定冲积地。这样地势,在早期社会中是很难发达的,所以不特这一段(故天津府、河间府、深冀两直隶州一带)在夏殷无闻,就是春秋时也还听不到有何大事在此地发生。齐燕之交,仿佛想象有一片瓯脱样的。到了春秋下半,凭借治水法子之进步(即是堤防的法子进步,所谓以邻国为壑),这一带"河济间之沃土",始关重要。这样的一块地方,当然不能成为早期历史中心的。至于山东半岛,是些山地,便于小部落据地固守,在初时的社会阶段之下,亦难成为历史的重心。只有这个大平原区的南部,即是西起陈、东至鲁一带,是理想的好地方,自荥泽而东,接连不断地有好些蓄水湖泽,如荷泽、孟渚等,又去黄河下游稍远,所以天然的水患不大,地是最肥的,交通是最便当的。果然,历史的重心便在此地排演。太昊都陈,炎帝自陈徙曲阜(《周本纪·正义》引《帝王世纪》)。曲阜一带,即空桑之地。穷桑有穷,皆空桑一名之异称。所谓空桑者,在远古是一个极重要的地方。少昊氏的大本营在这里,后羿立国在这里,周公东征时的对象奄国在这里,这些事都明白指示空桑是个政治中心。五祀之三——勾芒、蓐收、玄冥,起于此地(《左传》昭二十九及他书),后羿立国在此地。此地土著之伊尹,用其文化所赋之智谋,以事汤,遂灭夏。此地土著之孔子凭借时势,遂成儒宗。这些事都明白指示空桑是个文化中心。古代东方宗教中心之太山、有虞氏及商人所居之商丘、及商人之宗邑蒙亳,皆在空桑外环。这样看,空桑显然是东平原区之第一重心,政治的及文化的。

在东平原区中,地位稍次于空桑之重心,是郼。郼读如衣,衣即是殷(见《吕氏·慎大览》高诱注)。殷地者,其都邑在今河南省北端安阳县境,汤灭韦而未都,其后世自河南迁居于此。在商人统治此地以前,此地之有韦,大约是一个极重要的部落,所以《诗·商颂》中拿他和夏桀并提。商人迁居此地之目的,大约是求便于对付西方,自太行山外而来的戎祸,即所谓鬼方者,恰如明成祖营北平而使子孙定居,是为对付北鞑者一般。商人居此地数百年,为人称曰殷商,即等于称在殷之商。末世虽号称都朝歌,朝歌实尚在郼地范围,所以成王封唐叔于卫,曰"封于殷虚"(定四)。此地入周朝,犹为兵政之重镇(看白懋父敦等)。又八百年后入于秦,为东郡,又成控制东方之重镇。到了汉末,邺为盛都。五胡时,割据中原者多都之,俨然为长安雒阳的敌手。

在西高地系内,正中有低地一条,即汾洛泾渭伊雒入河之规形长条,此长条在地形上之优点,地图已明白宣示,不待历史为他说明。他是一群高地所环绕的交通总汇,东端有一个控制东平原的大出口。利用这个形势成为都邑,便是雒阳。如嫌雒阳过分出于形胜的高地之外,则雒阳以西经过殽函之固,又过了河,便是安邑。雒阳为夏周两代所都,其政治的重要不待说(夏亦曾都雒阳,见《求古录·礼说》)。安邑一带,是夏代之最重要区域。在后世,唐叔受封,而卒成霸业。魏氏受邑,而卒成大名。直到战国初,安邑仍为三晋领袖之魏国所都,用以东临中原,西伺秦胡者。河东之重要,自古已然,不待刘渊作乱、李氏禅隋,方才表显他的地理优越性。

以上所举,东方与西土之地理重心,在东平原区中以南之空桑为主,以北之有邶为次;在西高地系中,以外之雒阳为主,内之安邑为次,似皆是凭藉地形,自然长成,所以其地之重要,大半不因朝代改变而改变。此四地之在中国三代及三代以前史中,恰如长安、雒邑、建康、汴梁、燕山之在秦汉以来史。秦汉以来,因政治中心之迁移,有此各大都邑之时隆时降。秦汉以前,因部落及王国之势力消长,有本文所说。四个地理重心虽时隆时降,其为重心却是超于朝代的。认识此四地在中国古代史上的意义,或者是一件可以帮助了解中国古代史"全形"的事。

(原载1933年1月《国立中央研究院历史语言研究所集刊》外编第一种《庆祝蔡元培先生六十五岁论文集》)

姜　原

一、姜之世系

　　《左传》一部书是如何成就的，我们现在还不能确切地断定；但，一、必不是《春秋》的传；二、必与《国语》有一亲密的关系；则除去守古文家法者外，总不该再怀疑了。《国语》《左传》虽是混淆了的书，但确也是保存很多古代史料的书。例如古代世系，这书中的记载很给我们些可供寻思的材料。世系的观念他们有，他们又有神话，结果世系和神话混为一谈。民族的观念，他们没有，但我们颇可因他们神话世系的记载，寻出些古代的民族同异的事实来。

　　譬如姜之一姓，《国语》中有下列的记载：

　　　　昔少典取于有蟜氏，生黄帝、炎帝。黄帝以姬水成，炎帝以姜水成；成而异德，故黄帝为姬，炎帝为姜。二帝用师以相济也，异德之故也。异姓则异德，异德则异类。异类虽近，男女相及，以生民也。同姓则同德，同德则同心，同心则同志。同志虽远，男女不相及，畏黩敬也。(《晋语》四)

姜嬴荆芊，实与诸姬代相干也。姜，伯夷之后也；嬴，伯翳之后也。伯夷能礼于神以佐尧者也；伯翳能议百物以佐舜者也。其后皆不失祀，而未有兴者。周衰，其将至矣！(《郑语》)

昔共工弃此道也，虞于湛乐，淫失其身；欲壅防百川，堕高堙庳，以害天下。皇天弗福，庶民弗助；祸乱并兴，共工用灭。其在有虞，有崇伯鲧播其淫心，称遂共工之过。尧用殛之于羽山。其后伯禹念前之非度，厘改制量，象物天地，比类百则，仪之于民，而度之于群生。共之从孙四岳佐之；高高下下，疏川导滞，钟水丰物。封崇九山，决汨九川，陂鄣九泽，丰殖九薮，汩越九原，宅居九隩，合通四海。故天无伏阴，地无散阳，水无沈气，火无灾燀，神无间行，民无淫心，时无逆数，物无害生。帅象禹之功，度之于轨仪；莫非嘉绩，克厌帝心。皇天嘉之，祚以天下，赐姓曰姒，氏曰有夏；谓其能以嘉祉殷富生物也。祚四岳国，命以侯伯，赐姓曰姜，氏曰有吕；谓其能为禹股肱心膂，以养物丰民人也。此一王四伯，岂繄多宠？皆亡王之后也！唯能厘举嘉义，以有胤在下，守祀不替其典。有夏虽衰，杞鄫犹在。申吕虽衰，齐许犹在。唯有嘉功，以命姓受祀，迄于天下。及其失之也，必有恌淫之心闲之，故亡其氏姓，踣毙不振，绝后无主，湮替隶圉。夫亡者岂繄无宠？皆黄炎之后也！

（《周语》下）

昔烈山氏之有天下也，其子曰柱，能殖百谷百蔬。夏之兴也，周弃继之，故祀以为稷。共工氏之伯九有也，其子曰后土，能平九土，故祀以为社。(《鲁语》上）

齐许申吕由太姜。(《周语》中）

又《诗·大雅·生民》，"厥初生民，实为姜嫄"。《诗·鲁颂·闷宫》，"赫赫姜嫄，其德不回"。周以姬姓而用姜之神话，则姬周当是姜姓的一个支族，或者是一更大之族之两支。根据上列记载，可得下列之表。

少典
　　姜（炎帝）———— 共工
　　　　　　　　　　└伯夷 ——— 四岳国 ——— 齐许申吕诸国
　　姬（黄帝）

二、姜之地望

在西周封建的事迹中，有一件很当注意者，就是诸侯的民族不必和他所治的民族是一件事。譬如勾吴，那地方的人民是断发文身的，而公室是姬姓；晋，那地方的人民是唐国之遗，而公室是姬姓；虞，那地方是有虞，而公室又是姬姓。齐之民族必是一个特异的民族，可以《史记·封禅书》《汉书·郊祀志》及传记所载齐人宗教之迹为证。但公室乃是四岳之后，后来又是有虞之后了。认清这件事实，然后可以不根据齐民族之特异，论到姜姓之公室。

姜姓国见于载记者，有下列数国：

许

申

吕　或作甫

以上所谓四岳国，有今河南中部向西南境山中。

姜戎（《左传》襄十四年）：将执戎子驹支。范宣子亲数诸朝，曰："来！姜戎氏！昔秦人迫逐乃祖吾离于瓜州。乃祖吾离被苫盖，蒙荆棘，以来归我先君。我先君惠公有不腆之田，与女剖分而食之。今诸侯之事我寡君不如昔者，盖言语漏泄，则职女之由。诘朝之事，尔无与焉！与将执女！"对曰："昔秦人负恃其众，贪于土地，逐我诸戎。惠公蠲其大德，谓我诸戎是四岳之裔胄也，毋是翦弃。赐我南鄙之田，狐狸所居，豺狼所嗥。我诸戎除翦其荆棘，驱其狐狸豺狼，以为先君不侵不叛之臣，至于今不贰。昔文公与秦伐郑，秦人窃与郑盟，而舍戍焉。于是乎有殽之师。晋御其上，戎亢其下。秦师不复，我诸戎实然。譬犹捕鹿，晋人角之，诸戎掎之，与晋踣之。戎何以不免？自是以来，晋之百役，与我诸戎相继于时，以从执政，犹殽志也。岂敢离逷？今官之师旅无乃实有所阙，以携诸侯，而罪我诸戎？我诸戎饮食衣服不与华同，贽币不通，言语不达，何恶之能为？不与于会，亦无瞢焉！"赋《青蝇》而退。宣子辞焉，使即事于会。

齐　《国语》，齐许申吕由太姜。

纪

向

州

莱　莱在顾栋高《春秋大事年表》中列为姜姓,然此说实可
　　疑。其言曰:"《襄二年》传:'齐侯使诸姜宗妇来送
　　葬,召莱子,莱子不会。'是莱亦齐同姓国也。"案:莱子
　　非宗妇,何以召及莱子,而莱子必会?或因莱子夫人是
　　姜姓,故莱子必会乎?(惟"宗妇"寻常之解并不如是
　　耳。)此说若确,则莱非姜姓。又,《史记》:"莱人,夷也,
　　与齐争国。"然则果是姜姓,亦当是后来齐国所分植。

　　　　以上五国皆在山东境,纪、州、莱皆环齐,为之邻者。

姜　据古本《竹书纪年》,宣王时戎人灭姜侯之邑,引见《后
　　汉书·西羌传》。准以芈曹等皆为先代国名后代姓号
　　之例,姜之为姓必原是国名。惟此姜侯是否姜姓,或
　　是他族封建于其地者,则不可考。

　　综合上举《国语》《左传》之记载,知姜之所在有两个区
域。一在今河南西境,所谓四岳之后者;一在今山东东境。然
河南西境必是四岳之本土,此可以"齐许申吕由太姜",及"太公
封于营邱,比及五世,皆返葬于周",诸说证之。齐本是由四岳
国里出来的,望伋两代仍用吕称(《书·顾命》齐侯吕伋)。若齐
旁诸姜,当是齐之宗姓分封者,姜之先世为四岳,四岳之地望如
可确定,则姜为何处的民族,可以无疑问了。

　　有把四岳当做人的,例如战国秦汉间之《尧典》;又有把四
岳当做岱宗等四山的,例如杜预注《左传》。但四岳实是岳山
脉中的四座大山,四岳之国便是这些山里的部落。《诗·大雅》,
"崧高维岳,骏极于天。维岳降神,生甫及申。维申及甫,维周

之翰"。毛云，"崧，高貌，山大而高曰崧。岳，四岳也"。那么，申甫一带的山，即是四岳了。同篇下文说："亹亹申伯，王缵之事。于邑于谢，南国是式。王命召伯，定申伯之宅。登是南邦，世执其功。王命申伯，式是南邦。因是谢人，以作尔庸。"这是说申境向南移。其向南移的地方在谢，其境在北的地方可以推想。又《诗·王风·扬之水》说：

> 扬之水，不流束薪。彼其之子，不与我戍申。怀哉怀哉！曷月予还归哉！
>
> 扬之水，不流束楚。彼其之子，不与我戍甫。怀哉怀哉！曷月予还归哉！
>
> 扬之水，不流束蒲。彼其之子，不与我戍许。怀哉怀哉！曷月予还归哉！

如此看来，申、甫、许在一块儿。许之称至今未改，申又可知其后来在谢，则申许吕之地望大致可知了。《郑语》，史伯曰："当成周者，南有申吕。"可知《汉书·地理志》，"南阳郡宛县故申伯国"，《水经注》，"宛西吕城，四岳受封于吕"，诸说，当不误。

然姜之大原实在许谢迤西大山所谓"九州"者之中。《郑语》，"谢西之九州何如？"可知谢西之域名九州。《左传》昭四年："四岳、三涂、阳城、大室、荆山、中南，九州之险也。"杜注，三涂在陆浑县（今嵩县）南；阳城在阳城县（今登封县）东北；大室在河南阳城县西北；荆山在新城沶乡县（今湖北郧阳一带与河南之界）南；中南在始平武功县（今武功县）西。然则九州之区域正是现在豫西渭南群山中，四岳亦在此九州内，并非岱宗等四山。

又据上文所引，《左传》襄十四年姜戎一段，知九州之一名瓜州，其地邻秦，其人为姜姓，其类则戎。虽则为戎，不失其为四岳之后。四岳之后，有文物之大国齐，又有戎者，可以女真为例。建州女真征服中夏之后，所谓满洲八旗者尽染华风，而在混同江上之女真部落，至今日仍保其渔猎生活，不与文化之数。但藉此可知姜本西戎，与周密迩，又为姻戚，惟并不是中国。

姜之原不在诸夏，又可以《吕刑》为证。《吕刑》虽列《周书》，但在先秦文籍今存者中，仅有《墨子》引他。若儒家书中引《吕刑》者，只有汉博士所作之《孝经》与记而已。《吕刑》全篇祖述南方神话，全无一字及宗周之典。其篇首曰："惟吕命，王享国百年，耄，荒度作刑，以诘四方。"《史记》云："甫侯言于王。"郑云："吕侯受王命，入为三公。"这都是讲不通的话。"吕命王"到底不能解作"王命吕"。如以命为吕王之号，如周昭王之类，便"文从字顺"了，篇中王曰便是吕王曰了。吕称王并见于彝器，吕王🈚作大姬壶，其辞云，"吕王🈚作大姬尊壶，其永宝用享"（见《愙斋集古录》第十四）。可知吕称王本有实物为证。吕在周代竟称王，所谈又是些外国话，则姜之原始不是诸夏，可谓信而有征。

三、姜姓在西周的事迹

姜与姬是姻戚，关系极复杂，上文已经说了。若姜姓者在西周的事迹，则公望申伯为大，与西周兴亡颇有关系。公望佐周，《诗经》有证。《大明》："牧野洋洋，檀车煌煌，驷骐彭彭。维师尚父，时维鹰扬。"又，齐侯吕伋在成昭间犹为大臣。《书·顾命》："俾爰齐侯吕伋以二千戈，虎贲百人，逆子钊于南门之外。"申伯在西周末极有势力，《崧高》一篇可以为证。《郑语》史伯曰："申、缯、西戎方强，王室方骚。将以纵欲，不亦难乎？王欲杀太子，以成伯服，必求之申。申人弗畀，必伐之。若伐申，而缯与西戎会以伐周，周不守矣。缯与西戎方将德申，申、吕方强，其隩爱太子亦必可知也。王师若在，其救之亦必然矣。王心怒矣，虢公从矣。凡周存亡，不三稔矣。"这虽是作为预言写的，其实还是后人追记宗周亡的事实。周兴有公望为佐，周亡由于申祸：姜之与姬，终始有关系也。

四、姜羌为一字

周代的习俗，"男子称氏，女子称姓"。姓非男子所称，乃是女子所专称，所以姓之字多从女。金文中"姬""姜"异文甚多，然无一不从女。《说文》标姓皆从女。后人有以为这是姓由母系的缘故，这实在是拿着小篆解字源之错误。假令中国古代有母统制度，必去殷周之际已极远，文字必不起于母统时代之茫昧。知女子称姓，则姓从女之义并不足发奇想的。女子称姓之习惯，在商代或者未必这样谨严。鬼方之鬼，在殷墟文字中或从人，或从女。照这个例，则殷墟文字中出现"羌"字之从人，与未出现从女之"姜"字，在当时或未必有很大的分别。到后来男女的称谓不同，于是地望从人为"羌"字，女子从女为"姜"字，沿而为二了。不过汉晋儒者还是知道羌即是姜的。

但，姜羌之同，是仅仅文字上一名之异流呢，或者种族上周姜汉羌是一事？照《后汉书·西羌传》："西羌之本出自三苗，姜姓之别也。"则范晔认姜羌为一事。范晔虽是刘宋人，但范氏《后汉书》仅是文字上修正华氏、司马氏的，这话未必无所本。且《西羌传》中所记事，羌的好些部落本是自东向西移的，而秦之强盛尤与羌之西去有关系。这话正和《左传》襄十四年姜戎子的一段话是一类的事。那么，汉代羌部落中有些是姜氏，看来像是如此。不过"羌"决不是一个单纯的名词，必含若干不同的民族，只以地望衔接的关系，被汉人一齐呼做羌罢了。

姜之一部分在殷周之际为中国侯伯，而其又一部分到后汉一直是戎狄，这情形并不奇怪。南匈奴在魏晋时已大致如汉人，北匈奴却跑得不知去向。契丹窃据燕云，同于汉化，至今俄夷以契丹为华夏之名，其本土部落至元犹繁。女真灭辽毒宋，后来渡河南而自称中州，其东海的部落却一直保持到现在；虽后来建州又来荼毒中夏，也还没有全带进来。蒙古在伊兰汗者同化于波斯，在钦察汗者同化于俄罗斯，在忽必烈汗国者同化于中国，在漠南北者依旧保持他的游牧生活。一个民族分得很远之后，文野有大差别，在东方的成例已多，在欧洲西亚尤其不可胜数了。

中华民国十九年二月，北平

（原载1930年5月《国立中央研究院历史语言研究所集刊》第二本第一分）

周东封与殷遗民

　　此我所著《古代中国与民族》一书中之一章也。是书经始于五年以前，至民国二十年夏，写成者将三分之二矣。日本寇辽东，心乱如焚，中辍者数月。以后公私事纷至，继以大病，至今三年，未能杀青，惭何如之！此章大约写于十九年冬，或二十年春，与其他数章于二十年十二月持以求正于胡适之先生。适之先生谬为称许，嘱以送刊于北大《国学季刊》。余以此文所论多待充实，逡巡未果。今春适之先生已于同一道路上作成丰伟之论文，此文更若爝火之宜息矣。而适之先生勉以同时刊行，俾读者有所参考。今从其命，并志同声之欣悦焉。

二十三年六月

商朝以一个六百年的朝代，数千里的大国，在其亡国前不久帝乙时，犹是一个强有兵力的组织，而初亡之后，王子禄父等依然能一次一次地反抗周人，何以到周朝天下事大定后，封建者除区区二三百里之宋，四围以诸姬环之，以外，竟不闻商朝遗民尚保存何部落，何以亡得那么干净呢？那些商殷遗民，除以"顽"而迁雒邑者外，运命是怎么样呢？据《逸周书·世俘篇》，"武王遂征四方，凡憝国九十有九国，馘磿亿有十万七千七百七十有九，俘人三亿万有二百三十，凡服国六百五十有二"。果然照这样子"憝"下去，再加以周公成王之"善继人之志，善述人之事"，真可以把殷遗民"憝"完。不过那时候的农业还不曾到铁器深耕的时代，所以绝对没有这么许多人可"憝"，可"馘磿"，所以这话竟无辩探的价值，只是战国人的一种幻想而已。且佶屈聱牙的《周诰》上明明记载周人对殷遗是用一种相当的怀柔政策，而近发见之白懋父敦盖（中研院历史语言研究所藏器）记"王命伯懋父以殷八自征东夷"。然则周初东征的部队中当不少有范文虎、留梦炎、洪承畴、吴三桂一流的汉奸。周人以这样一个"臣妾之"之政策，固速成其王业，而殷民藉此亦可延其不尊荣之生存。《左传》定四年记周以殷遗民作东封，其说如下：

　　昔武王克商，成王定之，选建明德，以藩屏周。故周公相王室，以尹天下，于周为睦。分鲁公以大路、大旂，夏后氏之璜，封父之繁弱；殷民六族：条氏、徐氏、萧氏、索氏、长勺氏、尾勺氏，使帅其宗氏，辑其分族，将其类丑，以法则周公，用即命于周。是使之职事于鲁，以昭周公之明德。

分之土田陪敦，祝、宗、卜、史，备物、典策，官司、彝器。因商奄之民，命以《伯禽》，而封于少皞之虚。分康叔以大路、少帛、绪茷、旃旌、大吕；殷民七族：陶氏、施氏、繁氏、锜氏、樊氏、饥氏、终葵氏，封畛土略，自武父以南，及圃田之北竟，取于有阎之土，以共王职。取于相土之东都，以会王之东蒐。聃季授土，陶叔授民，命以《康诰》，而封于殷虚。皆启以商政，疆以周索。分唐叔以大路、密须之鼓，阙巩、沽洗；怀姓九宗，职官五正。命以《唐诰》，而封于夏虚。启以夏政，疆以戎索。

可见鲁卫之国为殷遗民之国，晋为夏遗民之国，这里说得清清楚楚。所谓"启以商政，疆以周索"者，尤显然是一种殖民地政策，虽取其统治权，而仍其旧来礼俗，故曰"启以商政，疆以周索"。这话的绝对信实更有其他确证。现分述鲁卫齐三国之情形如下。

鲁 《春秋》及《左传》有所谓"亳社"者，是一件很重要的事。"亳社"屡见于《春秋经》，以那样一个简略的二百四十年间之"断烂朝报"，所记皆是戎祀会盟之大事，而"亳社"独占一位置，则"亳社"在鲁之重要可知。且《春秋》记"亳社（《公羊》作蒲社）灾"在哀四年，去殷商之亡已六百余年，已与现在去南宋之亡差不多。（共和前无确切之纪年，姑据《通鉴外纪》，自武王元年至哀四年为631年。宋亡于祥兴二年［1279］，去中华民国二十年［1931］凡六百五十二年。相差甚微。）"亳社"在殷亡国后六百余年犹有作用，是甚可注意之事实。且《左传》所记"亳社"中有两事尤关重要。哀七，"以邾子益来献于亳社"，

杜云，"以其亡国与殷同"。此真谬说。邾于殷为东夷，此等献
俘，当与宋襄公"用鄫子于次睢之社，欲以属东夷"一样，周人
诏殷鬼而已。又定六年，"阳虎又盟公及三桓于周社，盟国人于
亳社"。这真清清楚楚指示我们：鲁之统治者是周人，而鲁之
国民是殷人。殷亡六七百年后之情形尚如此，则西周时周人在
鲁，不过仅是少数的统治者，犹钦察汗金骑之于俄罗斯诸部，当
更无疑问。

说到这里，有一件很重要的事，当附带着说。孔子所代表
之儒家，其地理的及人众的位置在何处，可以借此推求。以儒
家在中国文化进展上的重要，而早年儒家的史料仅仅《论语》
《檀弓》《孟子》《荀子》几篇，使我们对于这个宗派的来源不
明了，颇是一件可惜的事。孙星衍重修之《孔子集语》，材料虽
多，几乎皆不可用。《论语》与《檀弓》在语言上有一件特征，即
吾我尔汝之分别颇显：此为胡适之先生之重要发见（《庄子·齐
物》等篇亦然）。《檀弓》与《论语》既为一系，且看《檀弓》中孔
子自居殷人之说于《论语》有证否。

〔《檀弓》〕孔子蚤作，负手曳杖消摇于门。歌曰："泰
山其颓乎？梁木其坏乎？哲人其萎乎？"既歌而入，当户
而坐。子贡闻之，曰："泰山其颓，则吾将安仰？梁木其
坏，哲人将萎，则吾将安放？夫子殆将病也。"遂趋而入。
夫子曰："赐，尔来何迟也？夏后氏殡于东阶之上，则犹在
阼也。殷人殡于两楹之间，则与宾主夹之也。周人殡于西
阶之上，则犹宾之也。而丘也，殷人也。予畴昔之夜梦坐
奠于两楹之间。夫明王不兴，而天下其孰能宗予？予殆将

死也！"盖寝疾七日而没。

这话在《论语》上虽不曾重见(《檀弓》中有几段与《论语》同的)，然《论语》《檀弓》两书所记孔子对于殷周两代之一视同仁态度，是全然一样的。

〔《论语》〕行夏之时，乘殷之辂，服周之冕，乐则韶舞。

殷因于夏礼，所损益，可知也。周因于殷礼，所损益，可知也。其或继周者，虽百世可知也。

周监于二代，郁郁乎文哉！吾从周。

夏礼吾能言之，杞不足征也；殷礼吾能言之，宋不足征也；文献不足故也，足则吾能征之矣。

〔《檀弓》〕殷既封而吊，周反哭而吊。孔子曰："殷已悫，吾从周。"

殷练而祔，周卒哭而祔。孔子善殷。(此外《檀弓》中记三代异制而折衷之说甚多，不备录。)

这些话都看出孔子对于殷周一视同仁，殷为胜国，周为王朝，却毫无宗周之意。所谓从周，正以其"后王灿然"之故，不曾有他意。再看孔子是否有矢忠于周室之心：

〔《论语》〕公山弗扰以费畔，召，子欲往。子路不说，曰："末之也已，何必公山氏之之也？"子曰："夫召我者而岂徒哉？如有用我者，吾其为东周乎？"(《阳货》章。又同章：佛肸召，子欲往。)

子畏于匡,曰:"文王既没,文不在兹乎? 天之将丧斯文也,后死者不得与于斯文也。天之未丧斯文也,匡人其如予何?"

这话直然要继衰周而造四代。虽许多事要以周为师,却绝不以周为宗。公羊家义所谓"故宋"者,证以《论语》,当是儒家之本原主义。然则孔子之请讨弑君,只是欲维持当时的社会秩序。孔子之称管仲,只是称他曾经救了文明,免其沉沦,所有"丕显文武"一类精神的话语,不曾说过一句,而明说"其或继周者"。(曾国藩一辈人传檄讨太平天国,只是护持儒教与传统之文明,无一句护持满洲。颇与此类。)又孔子但是自比于老彭,老彭是殷人,又称师挚,亦殷人,称高宗不冠以殷商字样,直曰"书曰"。称殷三仁,尤有余音绕梁之趣,颇可使人疑其有"故国旧墟"、"王孙芳草"之感。此皆出于最可信的关于孔子之史料,而这些史料统计起来是这样,则孔子儒家与殷商有一种密切之关系,可以晓然。

尤有可以证成此说者,即三年之丧之制。如谓此制为周之通制,则《左传》《国语》所记周人之制毫无此痕迹。孟子鼓动滕文公行三年之丧。而滕国卿大夫说:"吾先君莫之行,吾宗国鲁先君亦莫之行也。"这话清清楚楚证明三年之丧非周礼。然而《论语》上记孔子曰,"夫三年之丧,天下之通丧也",这话怎讲? 孔子之天下,大约即是齐鲁宋卫,不能甚大,可以"登太(泰)山而小天下"为证。然若如"改制托古"者之论,此话非删之便须讳之,实在不是办法。惟一可以解释此困难者,即三年之丧,在东国,在民间,有相当之通行性,盖殷之遗礼,而非周之制度。当时的"君子(即统治者),三年不为礼,礼必坏；三年不为乐,乐必崩",而士及其相近之阶级,则渊源有自,齐以殷政者也。试看关于大孝,三年之丧,及丧后三年不做事之代表人物,如太甲、高宗、孝已,皆是殷人,而"君薨,百官总已以听于冢宰者三年",全不见于周人之记载。说到这里,有《论语》一章,向来不得其解者。似可以解之：

> 子曰："先进于礼乐,野人也；后进于礼乐,君子也。如用之,则吾从先进。"

此语作何解,汉宋诂经家说皆迂曲不可通。今释此语,须先辩其中名词含义若何。"野人"者,今俗用之以表不开化之人。此为甚后起之义。《诗》,"我行其野,芃芃其麦",明野为农田。又与《论语》同时书之《左传》,记僖二十三年"晋公子重耳……出于五鹿,乞食于野人。野人与之块"。然则野人即是农夫,孟子所谓"齐东野人"者,亦当是指农夫。彼时齐东开辟已甚,已无荒野。且孟子归之于齐东野人之尧与瞽瞍北面朝舜,舜有惭色之一件文雅传说,亦只能是田亩间的故事,不能是深山大泽中的神话。孟子说到"与木石居,与鹿豕游",便须加深山于野人之上,方足以尽之(《孟子·尽心》章"其所以异于深山之野人者,几希")。可见彼时所谓野人,非如后人用之以对"斯文"而言。《论语》中君子有二义,一谓卿大夫阶级,即统治阶级,二谓合于此阶级之礼度者。此处所谓君子者,自当是本义。先进后进自是先到后到之义。礼乐自是泛指文化,不专就玉帛钟鼓而言。名词既定,试翻做现在的话,如下：

那些先到了开化的程度的,是乡下人;那些后到了开化程度的,是"上等人"。如问我何所取,则我是站在先开化的乡下人一边的。

先开化的乡下人自然是殷遗。后开化的上等人自然是周宗姓婚姻了。

宋　卫　宋为商之转声,卫之名卫由于豕韦。宋为商之宗邑,韦自汤以来为商属。宋之立国始于微子,固是商之子遗。卫以帝乙帝辛之王都,康叔以殷民七族而立国。此两处人民之为殷遗,本不待论。

齐　齐民之为殷遗有二证。一、《书》序:"成王既践奄,将迁其君于蒲姑。周公告召公,作将蒲姑。"《左传》昭九:"王使詹伯辞于晋曰:'蒲姑商奄,吾东土也。'"又,昭二十,晏子对景公曰:"昔爽鸠氏始居此地,季荝因之,有逢伯陵因之,蒲姑氏因之,而后太公因之。"《汉·地理志》云:"齐地殷末有薄姑氏,至周成王时,薄姑与四国共作乱,成王灭之,以封师尚父。"二、请再以齐宗教为证。王静安曰:"曰'贞方帝卯一牛之南口',曰'贞𤔌𠬝于东',曰'己巳卜王𠬝于东',曰'𠬝于西',曰'贞𠬝于西',曰'癸酉卜中贞三牛'。曰'方帝',曰'东',曰'西',曰'中',疑即五方帝之祀矣。"(《增订殷墟书契考释》下六十叶)然则荀子所谓"按往旧造说谓之五行"者,其所由来久远,虽是战国人之推衍,并非战国人之创作,此一端也。周人逐纣将飞廉于海隅而戮之,飞廉在民间故事中曰黄飞虎。黄飞虎之祀,至今在山东与玄武之祀同样普遍,太公之祀不过偶然有之,并且是文士所提倡,不与民间信仰有关系。我们可说至今山东人仍祭商朝的文信国郑延平,此二端也。至于亳之在山东,泰山之有汤迹,前章中已详论,今不更述。

然则商之宗教,其祖先崇拜在鲁独发展,而为儒学,其自然崇拜在齐独发展,而为五行方士,各得一体,派衍有自。试以西洋史为比:西罗马之亡,帝国旧土分为若干蛮族封建之国,然遗民之数远多于新来之人,故经千余年之紊乱,各地人民以方言之别而成分化,其居意大利、法兰西、西班牙半岛、意大利西南部二大岛,以及多瑙河北岸,今罗马尼亚国者,仍成拉丁民族,未尝为日耳曼人改其文化的、语言的、民族的系统。地中海南岸,若非因阿拉伯人努力其宗教之故,恐至今仍在拉丁范围中。遗民之不以封建改其民族性也如是。商朝本在东方,西周时东方或以被征服而暂衰,入春秋后文物富庶又在东方,而鲁宋之儒墨、燕齐之神仙,惟孝之论,五行之说,又起而主宰中国思想者二千余年。然则谓殷商为中国文化之正统,殷遗民为中国文化之重心,或非孟浪之言。战国学者将一切神话故事充分地伦理化、理智化,于是不同时代不同地方之宗神,合为一个人文的"全神堂",遂有《皋陶谟》一类君臣赓歌的文章。在此全神堂中,居"敬敷五教"之任者,偏偏不是他人,而是商之先祖契,则商人为礼教宗信之寄象,或者不是没有根据的吧。

（原载1934年《国立中央研究院历史语言研究所集刊》第四本第三分）

大东小东说

——兼论鲁燕齐初封在成周东南后乃东迁

一、大东小东的地望和鲁、燕、齐的初封地

《诗·小疋·大东》[①]篇序曰："东国困于役而伤于财,谭大夫作是诗以告病焉。"其二章云:"小东大东,杼柚其空。"大东小东究在何处,此宜注意者也。笺云:"小也大也,谓赋敛之多少也。小亦于东,大亦于东;言其政偏,失砥矢之道也。"此真求其说不得而敷衍其辞者。大东在何处,诗固有明文。《鲁颂·閟宫》,"奄有龟蒙,遂荒大东",已明指大东所在,即泰山山脉迤南各地,今山东境,济南泰安迤南,或兼及泰山东部,是也。谭之地望在今济南。谭大夫奔驰大东小东间,大东既知,小

---

① "小疋"即"小雅"。疋同雅,下同。

东当亦可得推知其地望。吾比校周初事迹,而知小东当今山东濮县、河北濮阳大名一带,自秦汉以来所谓东郡者也。欲申此说,不可不于周初方域之迹有所考订,而求解此事,不得不先于东方大国鲁、燕、齐之原始有所论列焉。

武王伐纣,"致天之届,于牧之野"。其结果诛纣而已,犹不能尽平其国。纣子禄父仍为商君焉。东土之未大定可知也。武王克殷后二年即卒,周公摄政,武庚以奄商淮夷畔,管蔡流言,周室事业之不坠若线。周公东征,三年然后灭奄。

多士多方诸辞,其于殷人之抚柔盖致全力焉。营成周以制东国,其于守防盖甚慎焉。犹不能不封微子以奉殷社,而缓和殷之遗民,其成功盖如此之难且迟也。乃成王初立,鲁、燕、齐诸国即可越殷商故域而建都于海表之营丘,近淮之曲阜,越在北狄之蓟丘,此理之不可能也。今以比较可信之事实订之,则知此三国者,初皆封于成周东南,鲁之至曲阜,燕之至蓟丘,齐之至营丘,皆后来事也。兹分述之:

燕 《史记·燕世家》:"周武王之灭纣,封召公于北燕。其在成王时,召公为三公。自陕以西,召公主之;自陕以东,周公主之。"召公既执陕西之政,而封国远在蓟丘,其不便何如?成王中季,东方之局始定,而周武王灭纣即可封召公于北燕,其不便又何如?按,"燕"字今经典皆作燕翼之"燕",而金文则皆作"郾"。著录者有郾侯鼎、郾侯戈、郾王剑、郾王喜戈,均无作"燕"者。"郾王喜戈"见《周金文存》卷六第八十二叶,"郾王大事剑"见同卷补遗。其书式已方整,颇有隶意,其为战国器无疑。是知"燕"之称"郾",历春秋战国初无二字,经典作"燕"者,汉人传写之误也。"燕"既本作"郾",则与今河南之郾城,有无关系，此可注意者。在汉世，郾县与召陵县虽分属颍川、汝南二郡，然土壤密迩，今郾城县实括故郾、召陵二县境。近年郾城出许冲墓，则所谓召陵万岁里之许冲，固居今郾城治境中。①曰郾曰召，不为孤证，其为召公初封之燕无疑也。

鲁 《史记·鲁世家》："周公卒，子伯禽固已前受封，是为鲁公。鲁公伯禽之初受封之鲁，三年而后报政周公。周公曰：'何迟也？'伯禽曰：'变其俗，革其礼，丧三年，然后除之；故迟。'大公亦封于齐，五月而报政周公。周公曰：'何疾也？'曰：'吾简其君臣礼，从其俗为也！'及后闻伯禽报政迟，乃叹曰：'呜乎，鲁后世其北面事齐矣！'"按，今河南有鲁山县，其地当为鲁域之原。《鲁颂·閟宫》云：

> 后稷之孙，实维大王。居岐之阳，实始翦商。至于文武，缵大王之绪。致天之届，于牧之野。无贰无虞，上帝临女！敦商之旅，克咸厥功。王曰"叔父！建尔元子，俾侯于鲁。大启尔宇，为周室辅！"

此叙周之原始，以至鲁封。其下乃云：

> 乃命鲁公，俾侯于东。锡之山川，土田附庸。

此则初命伯禽侯于鲁，继命鲁侯侯于东，文义显然。如无迁移之事，何劳重复其辞？且许者，历春秋之世，鲁所念念不忘者。《閟

---

① 去年游开封时，南阳张嘉谋先生告我。

宫》:"居常与许,复周公之宇!"《左传·隐公十一年》:"秋七月,公会齐侯、郑伯伐许。庚辰,傅于许……壬午,遂入许……齐侯以许让公。"灭许尽鲁国先有之,鲁于许有如何关系,固已可疑。春秋只对许、宿二国称男,男者,"侯田男"也,见近出土周公子明锡大各器。然则男实为附庸。宿介于宋鲁之间,《左传》僖二十一年:"任、宿、须句、颛臾,风姓也,实司太皞与有济之祀,以服事诸夏。"此当为鲁之附庸。许在春秋称男,亦当以其本为鲁附庸,其后郑实密迩,以势临之,鲁不得有许国为附庸,亦不得有许田,而割之于郑。然旧称未改,旧情不忘,歌于《颂》,书于《春秋》。成周东南既有以鲁为称之邑,其东邻则为"周公之宇",鲁之本在此地无疑也。

楚者,荆蛮北侵后始有此号。《左传》庄十年、庄十四年、庄二十三年、庄二十八年,皆称荆。僖公元年,"楚人侵郑"以下乃称楚。金文有"王在楚"之语,知其地必为嵩山迤南山麓之称。《史记》载周公当危难时出奔楚,如非其封地,何得于艰难时走之乎?此亦鲁在鲁山之一证也。

且周公事业,定殷平奄为先。奄当后来鲁境,王静安君论之是矣。周公子受封者,除伯禽为鲁公,一子嗣周公于王田中而外,尚有凡、蒋、邢、茅、胙、祭。如杜预所说地望可据,则此六国者,除蒋远在汝南之南境不无可疑外,其余五国可自鲁山县东北上,画作一线以括之,卫在其北,宋在其南,"周公之宇"东渐之形势可知也。

齐　齐亦在成周之南。《史记·齐世家》:"太公望吕尚者,东海上人。其先祖常为四岳,佐禹平水土,甚有功。虞夏之际,封于吕,或封于申,姓姜氏。夏商之时,申吕或封支庶子孙,或为庶人，尚其后苗裔也。本姓姜氏，从其封姓，故曰吕尚。吕尚盖尝穷困，年老矣，以渔钓奸周西伯。西伯将出猎，卜之曰："所获非龙非彲，非虎非罴，所获霸王之辅。"于是周西伯猎，果遇太公于渭之阳。与语，大说。曰："自吾先君太公曰：当有圣人适周，周以兴。子真是邪？吾太公望子久矣！"故号之曰太公望。载与俱归，立为师。或曰：太公博闻，尝事纣。纣无道，去之，游说诸侯。无所遇，而卒西归周西伯。或曰：吕尚处士，隐海滨。周西伯拘羑里，散宜生、闳夭素知而招吕尚。吕尚亦曰："吾闻西伯贤，又善养老，盍往焉？"三人者为西伯求美女奇物，献之于纣，以赎西伯。西伯得以出返国。言吕尚所以事周虽异，然要之为文武师。周西伯昌之脱羑归，与吕尚阴谋修德以倾商政。其事多兵权与奇计，故后世之言兵及周之阴权皆宗太公为本谋。"

循此一段文章，真战国末流齐东野人之语也。相互矛盾，而自为传奇。《国语》："齐许申吕由太姜"，据此可知齐以外戚而得封，无所谓垂钓以干西伯。《诗·大疋·大明》："牧野洋洋，檀车煌煌，驷骝彭彭。维师尚父，时维鹰扬。凉彼武王，肆伐大商，会朝清明。"据此，可知尚父为三军之勇将、牧野之功臣，阴谋术数，后人托辞耳。凡此野语，初不足深论者也。

《史记》又云："于是武王已平商，而王天下，封师尚父于齐营丘。东就国，道宿，行迟。逆旅之人曰：'吾闻时难得而易失，客寝甚安，殆非就国者也。'太公闻之，夜衣而行，黎明至国。莱侯来伐，与之争营丘。营丘边莱，莱人夷也，会纣之乱，而周初定，未能集远方，是以与太公争国。"

据此可见就国营丘之不易。至于其就国在武王时否，则甚可疑。齐者,济也,济水之域也,其先有有济,其裔在春秋为风姓。而营丘又在济水之东。武王之世,殷未大定,能越之而就国乎? 尚父侯伋两世历为周辅,能远就国于如此之东国乎? 综合《经》《传》所记,则知太公封邑本在吕也。

《诗·大疋》:"崧高维岳,骏极于天。"《毛传》曰:"崧,高貌,山大而高曰崧。岳,四岳也。东岳岱,南岳衡,西岳华,北岳恒。"按,崧高之解固确,而四岳所指,则秦汉间地理,与战国末或秦汉时人托之以成所谓"粤若稽古"之《尧典》者合,与周地理全不合。吾友徐中舒先生谓,《左传》昭四年"四岳、三涂、阳城、大室、荆山、中南,九州之险也"一句中各地名在一域,则此九州当为一域之名,非如《禹贡》所谓。按,此说是矣。《郑语》:"公曰,'谢西之九州何如?'"此正昭四年所谓九州。谢西之域,即成周之南,当今河南西南境,西接陕西,南接汉阳诸山脉。三涂、阳城、大室、荆山、中南,皆在此区域,四岳亦不能独异也。四岳之国,名号见于经籍者,有申、吕、许。申、吕皆在四岳区域中,可以《诗》证之,"崧高维岳,骏极于天。维岳降神,生甫及申。维申及甫,维周之翰"是也。申在宣王时曾邑于谢,今南阳县境,此为召伯虎所定宅。《崧高》又云:"亹亹申伯,王缵之事。于邑于谢,南国是式。王命召伯,定申伯之宅,登是南邦,世执其功。王命申伯,式是南邦。因是谢人,以作尔庸。"据此,知申在西周晚年曾稍向南拓土也。吕甫为一名之异文,彝器有吕王作大姬壶、吕仲彝等,而《礼记》引《书》作甫刑。《诗·王风》,申甫许并列。《左传》:"楚……子重请取于申、吕,以为赏田……申公巫臣曰:'不可!此申、吕所以邑也!是以为赋,以御北方。若取之,是无申、吕也!'"申既可知其在谢,吕当去之不远。《水经注》:"宛西有吕城,四岳受封",此当不误也。许之地望则以地名至今未改故,更无疑问。四岳之意既得,吕之地望既知,再谈吕与周之关系。、

姬之与姜,纵非一家之支派,如祝融之八姓者,亦必累世之姻戚,如满洲之于蒙古。《晋语》:"昔少典取于有蟜氏,生黄帝炎帝。黄帝以姬水成,炎帝以姜水成。成而异德。故黄帝为姬,炎帝为姜。二帝用师以相济也,异德之故也。异姓则异德,异德则异类。异类虽近,男女相及,以生民也。"此真如后来之秦晋、齐鲁,累世相战,亦累世相姻也。《大疋·生民》:"厥初生民,实维姜嫄。"《鲁颂·閟宫》述其远祖,而曰:"赫赫姜嫄,其德不回。"此则姬姜共其神话,种族上当不无多少关系。《诗》:"思齐大任,文王之母,思媚周姜,京室之妇。"《周语》:"齐许申吕由太姜。"是知四岳诸国,实以外戚显于周,逮西周之末,申伯犹以外戚强大。《诗·崧高》,"不显申伯,王之元舅"是也。其后申竟以外戚之势,亡宗周,而平王惟母族是党,当荆蛮之始大,北窥周南,且劳周民戍于申吕许焉。①

《传》记称齐大公为吕望,《书·顾命》称丁公为吕伋。此所谓吕者,当非氏非姓。男子不称姓,而国君无氏。②此之父子称吕者何谓耶?准以周世称谓见于《左传》等书者之例,此父子之称吕,必称其封邑无疑也。然则齐大公实封于吕,其子犹嗣吕称,后虽封于齐,当侯伋之身旧号未改也。《史记》所载齐就国事,莱夷来争,其初建国之飘摇可知也。《檀弓》:"太公封于营丘,比及五世,皆返葬于周。"营丘之不稳可知也。《左传》僖

---

① 见《诗·王风·扬之水》。
② 见顾亭林《原姓》。

四年："管仲对曰：'昔召康公命我先君大公曰，五侯九伯，女实征之，以夹辅周室。赐我先君履，东至于海，西至于河，南至于穆陵，北至于无棣。'"似东海之封，始于太公矣。然细察此段文义，实是两句。"五侯九伯，女实征之，以夹辅周室"者，召康公命大公语也。"赐我先君履"者，此先君固不必即为太公，且其四至不括楚地。是则仅言封域之广，为诸侯之霸而已，与上文"五侯九伯，女实征之"者非一事也。

吕既东迁而为齐，吕之故地犹为列国，其后且有称王者。彝器有"吕王𠂤作大姬壶"，《书》有"吕命王享国百年，旄荒"。《书·吕刑》："惟吕命，王享国百年，耄，荒度作刑，以诘四方。"《史记》云："甫侯言于王。"郑云："吕侯受王命入为三公。"此皆求其文理不可解而强解之之辞。"吕命王"，固不可解作"王命吕"。如以命为吕王之号，如周昭王之类，则文从字顺矣。且吕之称王，彝器有证。《吕刑》一篇王曰辞中，无一语涉及周室之典，而神话故事，皆在南方，与《国语》所记颇合。是知《吕刑》之王，固吕王；王曰之语，固南方之遗训也。引《吕刑》者，墨子为先，儒家用之不见于《戴记》之先，《论语》《孟子》绝不及之。此非中国之文献、儒家之旧典无疑也。然后来吕之世系是否出之大公望，则不可知，其为诸姜则信也。

雒邑之形势，至今日犹有足多者，在当年实为形胜之要地，周人据之以控南方、东方之诸侯者也。齐、燕、鲁初封于此，以为周翰，亦固其所。循周初封建之疆，南不逾于陈、蔡，毛郑所谓文王化行江汉者，全非事实，开南国者召伯虎也。[1]东方者，

① 说详本刊（即《国立中央研究院历史语言研究所集刊》）第一本《周颂说》，及本刊第二本丁山先生著《召伯虎传》。

殷商之旧,人文必高,而物质必丰。平定固难,若既平定之后,佐命大臣愿赐土于其地,以资殷富,亦理之常。夫封邑迁移,旧号不改,在周先例甚多,郑其著者。鲁燕移封,不失旧号。吕以新就大国,定宅济水,乃用新号,此本文之结论也。

二、周初东向发展之步骤

春秋战国之际,封建废,部落削,公族除,军国成,故兼并大易。然秦自孝公以来,积数世之烈,至始皇乃兼并六国,其来犹渐,其功犹迟。若八百年而前,部落之局面仍固,周以蕞尔之国,"壹戎殷而天下定",断乎无是理也。故周之翦服时夏,安定东土,开辟南国,必非一朝之烈,一世之功。言"壹戎殷而天下定"者,诰语之修词;居然以为文武两代即能化行江汉,奠定东夷者,战国之臆说,汉儒之拘论耳。《诗》《书》所载,周之成功,非一世也,盖自文王至宣王数百年中之功业。若其步骤,则大略可见:其一为平定密、阮、共,此为巩固幽岐之域。二步为灭崇而"作邑于丰",于是定渭南矣。三步为断虞芮之讼,于是疆域至河东矣。四步为牧野之战,殷商克矣。五步为灭唐,自河东北上矣。六步为伐奄,定淮夷。七步为营成周。以上一二三为文王时事,四五为武王时事,六七为周公时事。至于论南国之疆域,则周初封建,陈蔡为最南。昭王南征而不复,厉宣之世,徐蛮等兵力几迫成周,金文中有证。大定南服,召虎之力为大。此其大略,其详不可得而考,所谓"书缺有间"者也。(七步之次,均以数码记于附图中。)

三、周公之事功

周公之在周,犹多尔衮之在后金。原武王虽能平殷,而不能奠定其国。武王初崩之岁,管、蔡流言,武庚以淮夷叛,此其形势之危急,有超过玄晔既亲政后,吴三桂等之倒戈而北。盖三藩之叛,只是外部问题,周公时之困难,不仅奄淮,兼有三叔。此时周公在何处用兵,宜为考求。《诗》《书》所记,只言居东,未指何地为东。然武王渡河,实由盟津,牧野之战,在商北郊。是周人用兵商都,先自南渡河而北,又自西北压之向东南也。后来康叔既封于卫,[①]卫在今黄河北;微子犹得保宋,宋在今黄河南。卫域实殷商之旧都,宋域乃临于淮夷,则周公用兵当经卫之一路。其成功后乃能东南行,而驱商人服象于东夷也,[②]且周公之胤所封国中,凡胙邢三国皆邻于卫。据此可知周公东向戡定所及。奄在今山东境,当春秋时介于齐鲁,此当为今泰山南境。周兵力自卫逼奄,当居今河北省濮阳大名等县、山东省荏博聊濮等县境,此即秦汉以来所谓东郡者也。东郡之名源于何时,不可考。《史记》以为秦设,然秦开东土,此非最先,独以此名东,或其地本有东之专名,秦承之耳。此一区域必为周公屯兵向奄之所,按之卫邢胙封建之迹,及山川形势而信然。且此地后来又有东郡之号,则此为周初专名之东,实可成立之一说也。余又考之《逸周书·作雒解》,然后知周公所居之东为专名,更无疑义。《作雒解》曰:"周公立,相天子,三叔及殷东徐奄及熊盈

---

① 吾友顾颉刚先生谓康叔之封应在武王之世。《大诰》乃武王即位之诰,《康诰》亦武王之词。案:宁王一词,既由吴大澂君定为文王,此数篇中曾无一语及武王者,其为武王之语无疑也。

② 见《吕氏春秋·古乐》。

以略。周公召公内弭父兄,外抚诸侯……凡所征熊盈族十有七国。俘维九邑。俘殷献民,迁于九毕。俾康叔宇于殷,俾中旄父宇东。"此则东为国名,必袭殷商之旧。所谓东者,正指殷商都邑而言,犹邶伯之北,指殷商都邑而言也。大小之别,每分后先。罗马人名希腊本土曰哥里西,而名其西向之殖民地一大区域曰大哥里西(Magna Grecia)。名今法兰西西境曰不列颠,而名其渡海之大岛曰大不列颠(Magna Britannia)。则后来居上,人情之常。小东在先,大东在后,亦固其宜。据《鲁颂》之词,荒大东者周公之孙,地乃龟蒙,则周公戡定之东,当是小东,地则秦汉以来所谓东郡者也。兹更表以明之:

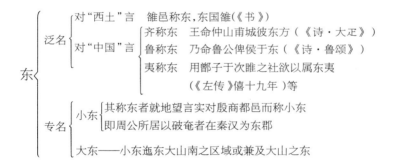

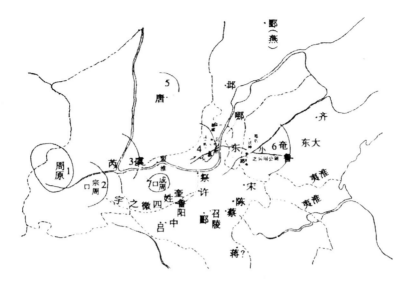

中华民国十九年二月北平

（原载1930年5月《国立中央研究院历史
语言研究所集刊》第二本第一分）

论所谓五等爵

一、五等称谓的淆乱

五等爵之说旧矣，《春秋》《孟子》《周官》皆为此说作扶持矣。然《孟子》所记史实无不颠倒，《周官》集于西汉末，而《春秋》之为如何书至今犹无定论。故此三书所陈五等爵之说，果足为西周之旧典否，诚未可遽断。吾尝反复思之，以为相传之五等爵说颇不能免于下列之矛盾焉。

一与《尚书》不合。《周书·康诰》："四方民大和会，侯甸男邦，采卫百工播民和见，士于周。"又《酒诰》："越在外服，侯甸男卫邦伯；越在内服，百僚庶尹。"《召诰》："周公乃朝用书，命庶殷侯、甸、男邦伯。"《顾命》[①]："庶邦侯、甸、男卫。"郑玄以

---

① 马融后作康王之诰。

五服之称释此数词，而诂经者宗之，此不通之说也[①]。按五服说之最早见者，为《周语上》，其文曰："夫先王之制，邦内甸服、邦外侯服、侯卫宾服、蛮夷要服、戎狄荒服。甸服者祭，侯服者祀，宾服者享，要服者贡，荒服者王。"此言畿内者为甸，畿外者为侯，侯之附邑为宾，蛮夷犹可羁縻，戎狄则不必果来王也。盖曰王者，谓其应来王，而实即见其不必果来王矣。又战国人书之《禹贡》所载五服为甸侯绥要荒，固与《周语》同，绥服即宾服，而与《周书》中此数词绝非指一事者。若《康诰》《召诰》《顾命》所说，乃正与此不类。甸在侯下，男一词固不见于五服，而要服荒服反不与焉，明是二事。近洛阳出周公子明数器，其词有云："唯十月，月吉，癸未，明公朝至于成周。𢓊命舍三事命，众卿事寮，众诸尹，众里君，众百工，众诸侯，侯田男，舍四方命。"持以拟之《尚书》，《顾命》之"庶邦侯、甸、男卫"者，应作庶邦侯，侯田男，犹云，诸侯，及诸侯封域中之诸男也。"侯甸男卫"者，"侯，侯田男，卫"，犹云，诸侯，及诸侯封域中之诸男，及诸卫也。"侯甸男邦采卫"者，犹云，诸侯，及诸侯封域中之诸男，及邦域之外而纳采之诸卫也。《韩诗外传》八："所谓采者，不得有其土地人民，采取其租税尔。"此采之确解也。"侯甸男邦伯"者，犹云，诸侯，及诸侯封域中之诸男，及诸邦之伯也。"侯甸男卫邦伯"者，诸侯，及诸侯封域中之诸男，及卫，及诸邦之伯也。持周公子明器刻辞此语以校《尚书》，则知侯下有重文，传经者遗之。此所云云，均称呼畿外受土者之综括列举辞。而甸乃侯甸，非《国语》所谓王甸之服，与五服故说不相涉也。古来诏

① 或不始于郑君。

令不必齐一其式，故邦伯或见或不见，而王臣及诸侯亦或先或后。然《尚书》此数语皆列举畿外受土者之辞，果五等爵制为周初旧典者，何不曰"诸公侯伯子男"乎？此则五等爵之说显与《尚书》矛盾矣。

二与《诗》不合。《诗》言侯者未必特尊，如，"载驰载驱，归唁卫侯"；"齐侯之子，卫侯之妻"。而言伯者，则每是负荷世业之大臣，如召伯、申伯、郇伯、凡伯。果伯一称在爵等之意义上不逮侯者，此又何说？

三与金文不合。自宋以来著录之金文刻辞无惯称"公侯伯子男"者。若周公子明诸器刻辞，固与《尚书》相印证，而与五等爵说绝不合。

四以常情推之亦不可通。上文一二三已证五等爵说既与可信之间接史料即《尚书》《诗》者不合，又与可信之直接史料即金文者不合矣，今更以其他记载考之，亦觉不可通。《顾命》："乃同召大保奭、芮伯、彤伯、毕公、卫侯、毛公、师氏、虎臣、百尹、御事。"以卫侯、毕公、毛公之亲且尊，反列于芮伯、彤伯之下，果伯之爵小于公侯乎？一也。"曹叔振铎，文之昭也"，而反不得大封，列于侯之次乎？二也。郑伯、秦伯，周室东迁所依，勋在王室。当王室既微，乃反吝于名器，以次于侯之伯酬庸乎？三也。如此者，正不可胜数。

顾栋高《春秋大事表五·列国爵姓表》，所记爵姓，非专据经文，乃并据《左传》及杜预《集解》，且旁及他书者。经文与《左传》固非一事，姑无论《左传》来源之问题如何，其非释经之书，在今日之不守师说者中已为定论。而杜氏生于魏晋之世，其所凭依今不可得而校订。故顾栋高此表颇为混乱之结果。然若重为编订，分别经文、左氏、杜氏三者，则非将此三书作一完全之地名、人名索引不可：此非二三月中所能了事。故今仍录原文于下，兼附数十处校记。若其标爵之失，称始封之误，姑不校也。

国	爵	姓	始封	今补记
鲁	侯	姬	周公子伯禽	彝器中称鲁侯
蔡	侯	姬	文王子叔度	彝器中称蔡侯
曹	伯	姬	文王子叔振铎	彝器中有墨侯，张之洞释为曹
卫	侯	姬	文王子康叔封	彝器中有康侯封鼎
滕	侯^{后书子}	姬	文王子叔绣	彝器中有滕侯敦
晋	侯	姬	武王子叔虞	彝器中有晋公盦
郑	伯	姬	厉王子友	
吴	子^{按《国语》本伯爵}	姬	太王子太伯	彝器中称工吴王
北燕	伯^{《史记》作侯}	姬	召公奭	彝器中称郾侯、郾公、郾王
齐	侯	姜	太公尚父	彝器中称齐侯
秦	伯	嬴	伯益后非子	彝器中有秦公敦
楚	子	芈	颛顼后熊绎	彝器中称公、称王
宋	公	子	殷后微子启	彝器中有宋公蓥钟，或称商
杞	侯^{后书伯或书子按《正义》本公爵}	姒	禹后东楼公	彝器中称杞伯
陈	侯	妫	舜后胡公	彝器中有"陈侯"者皆齐器，与此无涉
薛	侯^{后书伯}	任	黄帝后奚仲	彝器中称辥侯
邾	子^{本附庸进爵}	曹	颛顼苗裔挟	彝器中称邾公
莒	子	己	兹舆期	彝器中称鄩侯

	爵	姓		
小邾	子（本附庸进爵）	曹	邾公子友	
许	男	姜	伯夷后文叔	彝器中称邘子
宿	男	风	太皞后	
祭	伯	姬	周公子	彝器中有祭中鼎
申	侯	姜	伯夷后	彝器中称申伯
东虢		姬	文王弟虢仲	
共	伯			
纪	侯	姜		彝器中称己侯
夷		妘		
西虢	公	姬	文王弟虢叔	彝器中有虢季子白盘等
向		姜		
极	附庸	姬		
邢	侯	姬	周公子	彝器中称井伯、井侯
郕	伯	姬	文王子叔武	
南燕	伯	姞	黄帝后	
凡	伯	姬	周公子	
戴		子		
息	侯	姬		
郜	子	姬	文王子	
芮	伯	姬		彝器中称芮公、芮伯
魏		姬		
州	公	姜		
随	侯	姬		
穀	伯	嬴		
邓	侯	曼		彝器有邓公敦
黄		嬴		
巴	子	姬		

鄾	子			
梁	伯	嬴		彝器有梁伯戈
荀^{或云即邯国}	侯	姬		
贾	伯	姬		
虞	公	姬	仲雍后虞仲	
贰				
轸				
郧^{即邧国}	子			
绞				
州				
蓼				
罗		熊		
赖	子			
牟	附庸			
葛	伯	嬴		
於余邱				
谭	子	子		
萧	附庸	子	萧叔大心	
遂		妫		
滑	伯	姬		
原	伯	姬	文王子	
权		子		
郭				
徐	子	嬴	伯益后	彝器中概称郐王
樊	侯		仲山甫	彝器中有樊君鬲。此为畿内之邑,晋文公定戎难时,王以赐晋。其称君不称侯,正与金文之例合也。

郜	附庸	姜		
耿		姬		
霍	侯	姬	文王子·叔处	
阳	侯	姬		
江		嬴		
冀				
舒	子	偃		
弦	子	隗		
道				
柏				
温	子	己	司寇苏公	
鄫	子	姒	禹后	彝器中有曾伯簠
厉		姜	厉山氏后	
英氏		偃	皋陶后	
项				
密		姬		
任		风	太皞后	
须句	子	风	太皞后	
颛臾	附庸	风	太皞后	
顿	子	姬		
管		姬	文王子叔鲜	
毛	伯	姬	文王子叔郑	彝器中称毛公
聃		姬	文王子季载	
雍		姬	文王子	
毕		姬	文王子	
酆	侯	姬	文王子	
郇	侯	姬	文王子·	彝器中有旬伯簠

邘		姬 武王子	
应	侯	姬 武王子	彝器中有应公敦
韩	侯	姬 武王子	
蒋		姬 周公子	
茅		姬 周公子	
胙		姬 周公子	
郜			彝器中皆称郜公,又有郜公平侯敦
夔	子	芈 熊挚	
桧		妘 祝融后	
沈	子	姬	
六		偃 皋陶后	
蓼		偃 皋陶后	
偪		姞	
麋	子		
巢	伯 见《尚书》序		
宗	子		
舒蓼		偃 皋陶后	
庸			
崇			
郯	子	己 少昊后	
莱	子	姜	
越	子	姒 夏后少康子	
刘	子	姬 匡王子	
唐	侯	祁 尧后	
黎	侯		
郐	附庸		

州来			
吕	侯	姜	彝器中有称吕王者
檀	伯		
钟离	子		
舒庸		偃	
偪阳	子	妘	
郏			
铸		祁	尧后
杜	伯	祁	尧后
舒鸠	子	偃	
胡	子	归	
焦		姬	
杨	侯	姬	彝器中有阳白鼎
邶			彝器中称邶伯、邶子
庸			
沈			金天氏苗裔
			台骀之后
姒			同上
蓐			同上
黄			同上
不羹			
房			
鄅	子	妘	
钟吾	子		
桐		偃	
戎			
北戎			

卢戎	子		南蛮	
大戎		姬	唐叔后	
小戎		允	四岳后	
骊戎	男	姬		
山戎			即北戎	
狄			有白狄，赤狄二种	
犬戎			西戎之别在中国者	
东山皋落氏 扬拒泉皋 伊雒之戎			赤狄别种	
淮夷				
陆浑之戎 又名阴戎	子	允	即小戎之徙于中国者	
廧咎如		隗	赤狄别种	
介			东夷国	
姜戎	子	姜	四岳后陆浑之别部	
白狄				
鄋瞒		漆	防风氏后	
群蛮				
百濮			西南夷	
赤狄				
根牟			东夷国	
潞氏	子		赤狄别种	彝器中有貉子卣不知即是潞否
甲氏			赤狄别种	

国名	爵	姓	说明
留吁			赤狄别种
铎辰			赤狄别种
茅戎			戎别种
戎蛮(即蛮氏)	子		戎别种
无终	子		山戎种
肃慎			东北夷
亳			西夷《史记索隐》盖成汤之胤
鲜虞(一名中山)		姬	白狄别种
肥	子		白狄别种
鼓	子	祁	白狄别种
有莘			夏商时国
有穷			夏是国占(下同)
寒			
有鬲		偃	
斟灌		姒	
斟郭		姒	
过			
戈			
豕韦		彭	夏商时国
观		姒	夏时国
扈		姒	同上
姺			商时国(下同)
邳			
奄		嬴	
仍			夏时国(下同)

国名	姓	称号	
有缗			
驺			
岐			
蒲姑		商时国	
逢	姜	商时国	
昆吾	己	夏时国	
密须	姞	商时国	
阙巩		古国	
甲父		同上	
飂		古国	
鬷夷	董	虞夏时国	
封父		古国	
有虞	姚	夏商时国	

补记诸节，大致据余永梁先生之《金文地名表》。但举以为例，以见杜说与金文之相差而已，不获一一考其详也。以下又录金文所有、顾表所无者若干事。

国名	姓	称号（自称者）	
召	姬	伯	彝器有召伯虎敦
散	姬	伯	彝器有散伯敦
夨		王	彝器有夨王鼎、夨王尊，散盘中亦称之为夨王
辅		伯	彝器有辅伯鼎
苏		公	彝器有苏公敦
相		侯	彝器有相侯鼎
龙		伯	彝器中有龙伯戈
铸		公，子	彝器中有铸公簠、铸子钟
郜		伯	彝器中有郜伯鼎
钟		伯	彝器中有钟伯鼎

据上列顾表，以公为称者五，宋、西虢、州、虞、刘，而刘标子爵。此则据杜氏之非。经文固明明言刘公，其后乃言刘子，此畿内之公，其称公乃当然也。今共得称公者五，而其三为畿内之君，虞虢刘皆王室卿士也。其一之州公最冗突，《公羊传》桓五年，"冬，州公如曹。外相如不书，此何以书？过我也"；"六年春正月，实来。实来者何？犹曰是人来也。孰谓？谓州公也。曷为谓之实来？慢之也。曷为慢之？化我也"。此真断烂朝报中之尤断烂处。《春秋》全经中，外相如不书，意者此文盖"公如曹"、"公至自曹"之误乎？无论此设想是否可据，而州之称公无先无后，固只能存疑，不能据以为例。然则"春秋"称公者，王室世卿之外，其惟宋公乎？此甚可注意者也。又姬姓在此表中除爵号不详者外；列于侯者十六，为最多数；列于伯者十二，曹、郑、祭、北、燕、郕、芮、凡、贾、滑、原、毛；列于子者，除刘子前文中已订正外，尚有吴、巴、郜、顿、沈；列于男者一，骊戎；列于附庸者一，极。子男之姬姓者，非越在蛮夷，如吴如巴，即陈蔡间之小国；若郜则仅以其大鼎见于经文，春秋前已灭；骊则本是戎狄之类。此数国受封之原，除吴、郜外，皆不可详。如顿、沈之是否姬姓，经文《左传》亦无说也。姬姓何以非侯即伯，号子者如此甚少？此又可注意者也。表中以子为号而从杜氏标姓为姬者，已如上所举，若其他号子者，则：

子姓有　　谭

姜姓有　　莱、姜戎

曹姓有　　邾、小邾

己姓有　　莒、温、郯

嬴姓有　　徐

姒姓有　　鄫、越

芈姓有　　楚、夔

隗姓有　　弦

偃姓有　　舒、鸠舒

妘姓有　　偪阳、鄅

归姓有　　胡

风姓有　　须句

祁姓有　　鼓

允姓有　　陆浑之戎

姓无可考者有　　鄾、鄖、赖、麋、宗、潞、戎蛮、无终、肥、钟
离、钟吾、卢戎

再以地域论之，则在南蛮东夷者十七、吴、楚、巴、鄾、鄖、赖、舒、弦、顿、夔、宗、越、钟离、舒、鸠、卢戎（以上偏南），邾、莒、小邾、徐、郯、须句、郊、莱、胡、鄅、钟吾（以上偏东）；在戎狄者七、姜戎、陆浑之戎、潞、戎蛮、无终、肥、鼓。至于谭、温、顿、沈、麋、偪阳，各邑中，则温在王畿之内，谭入春秋灭于齐，顿、沈之封不详，偪阳则妘姓之遗，亦楚之同族也（见《郑语》）。约而言之，以子为号者，非蛮夷戎狄，即奉前代某姓之祀者，质言之，即彼一姓之子遗。其中大多数与周之宗盟不相涉。彼等有自称王者，如徐、楚、吴、越，春秋加以子号，既非其所以自称，恐亦非周室所得而封耳。

男之见于前表者，仅有三，许、宿、骊戎。准以周公子明器中"侯田男"一语，男实侯之附庸。骊戎之称男不见于《春秋》经，宿亦然。准以《鲁颂》"居常与许，复周公之宇"及《左传》隐十一年，"秋七月，公会齐侯、郑伯伐许……壬午遂入许……

齐侯以许让公"之文，则许在始乃鲁之附庸，故入其国先以让鲁，鲁思往事之强大，而欲居常与许也。意在许在初年，曾划入鲁邦域之内，其后自大，鲁不过但欲守其稷田耳。及郑大，并此亦失之矣。今彝器有许子簠、许子钟，而无称许男者（鲁邦域所及，余另有文论之），可知彼正不以"侯田男"自居也。

如上所分析，则五等称谓之分配颇现淆乱，其解多不可得。今先就字义论之；果得其谊，再谈制度。

二、公侯伯子男释字

公，君也。《尔雅》，"公，君也"，释名同。《左传》所记，邦君相称曰君，自称曰寡君，而群下则称之曰公。是公君之称，敬礼有小别，名实无二致也。

君，兄也。《诗·邶鄘卫风·鹑之奔奔》云：

> 鹑之奔奔，鹊之彊彊。人之无良，我以为兄。
> 鹊之彊彊，鹑之奔奔。人之无良，我以为君。

国风之成章，每有颠倒其词，取其一声之变，而字义无殊者。此处以君兄相易，其义固已迫近，而考其音声，接近尤多。《广韵》，君，上平二十文，举云切；兄，下平十二庚，许荣切。再以况、贶诸字从兄声例之。况、贶均在去声四十一漾，许访切，似声韵均与兄界然。然今北方多处读音，况、贶诸字每读为溪纽或见纽，而哥字之音则见纽也（唐韵，哥，古俄切）。《诗》以彊、兄为韵，则兄在古邶音中，必与彊同其韵部。此在今日虽不过是一种假设，然可借之连络处正多，今试详之。

公、兄、君、尹、昆、翁、官、哥，皆似一名之分化者。今先列其反切韵部如下，再以图表之：

公	上平	东部	古红切	见纽
兄	下平	庚部	许荣切	晓纽
君	上平	文部	举云切	见纽
尹	上平	准部	余准切	喻纽
昆	上平	魂部	古浑切	见纽
翁	上平	东部	乌红切	影纽
官	上平	桓部	古丸切	见纽
哥	唐韵		古俄切	见纽

兹将上列各纽部表以明之：

发音＼收音	浅喉ng	舌头n	元音
浅喉破裂k、g	公 兄（古读）	昆 君　官	哥
浅喉磨擦h、x	兄（今读）		
深喉及元音	翁	尹	

公、君、兄，已如上所述，至其余诸字之故训，分记如下：

尹　《广雅·释诂》："尹，官也。"王氏《疏证》曰："《尔雅》，'尹，正也。'郭璞注云，'谓官正也。'《周颂·臣工传》云，'工，官也。'《洪范》云，'师尹惟日。'《皋陶谟》云，'庶尹允谐。'《尧典》云,'允厘百工。'"又,尹犹君也。《左传》隐三年经文,"君氏卒",《公羊》《穀梁》作尹氏卒。《左传》昭二年,"棠君",《释文》云,君本作尹。然金文中文之加口虽有时可有可略,而君尹之称实有别异。如周公子明诸器,"还诸尹,还里君",盖尹司职,君司土,果原为一字,彼时在施用上已分化矣。

昆 《诗》《左传》《论语》中,用昆为兄之例甚多。《尔雅·释亲》,亦晜(昆)、兄错用。

翁 《广雅·释亲》,"翁,父也"。《疏证》:"《史记·项羽纪》云:'吾翁即若翁。'"此以翁为父。《方言》,"凡尊老,周晋秦陇谓之公,或谓之翁"。此以翁为泛称老者。又,汉世公主称翁主,则汉世言翁,实即公矣。翁字虽有此多义,然尹翁归字子兄,此翁与兄同谊之确证也。翁与兄同谊,并不害其可用于称父。人每谓父兄为老,而父兄在家亦有其同地位。父没,兄之权犹父也。自老孳乳之殊字,可以分称父兄,初无奇异。如姐,《广雅》以为母也,今则南北人以称其姊。

官 《周礼》,牛人,掌养国之公牛;巾车,掌公车之政令,注并云,"公犹官也"。

哥 后起字。然今俗语含古音甚多,而古字之读音,或反不如。例如爸之声固近于父之古读,而父之今读反远于父之古读。

循上列诸义,试为其关系之图。此虽只可作为假设,然提醒处颇多,充而实之,俟异日焉。

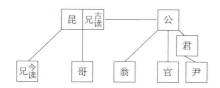

公一名在有土者之称谓中，无泛于此者。王室之元老称公，召公、毛公等是。王室之卿士邑君称公，刘子、尹子是。若宋则于公之外并无他号。伯亦得称公。《吴语》："董褐复命曰……'夫命圭有命，固曰吴伯，不曰吴王；诸侯是以敢辞。夫诸侯无二君，而周无二王。君若无卑天子，以干其不祥，而曰吴公，孤敢不顺从君命长弟！许诺。'吴王许诺，乃退就幕而会。吴公先歃，晋侯亚之。"是伯之称公可布于盟书也。侯在其国皆称公，不特《左传》可以为证，《诗》《书》皆然。《书·费誓》，"公曰，嗟！"《秦誓》，"公曰，嗟！"子男亦称公。《春秋》于许男之葬固书公，不书男。至于由其孳生之词，如公子，不闻更有侯子、伯子。然则公者，一切有土者之泛称，并非班爵之号。

宋之称公，缘其为先朝之旧，并非周所封建之侯，而亦不得称王耳。虞、虢之称公，缘其为王甸中大宗。侯伯子男皆可于其国称公，或为邻国人称之曰公，非僭也。果其为僭者，何缘自西周之初即如此耶？以公称为僭者，宋人说经之陋，曾不顾及《春秋》本文也。

宋之不在诸侯列，可以金文证之。吴大澂释周憲鼎文云："口厥师眉见王，为周客。锡贝五朋，用为宝器；鼎二，敦二。其用享于乃帝考。"吴云："周王之客，殷帝之子，其为微子所作无疑也。"彼为周客则不得为周侯，周不容有二王，则彼不得为宋王，只得以泛称之公为称，最近情理者也。《春秋》之序，王卿霸者之后，宋公独先，亦当以其实非任诸侯之列，不当以其称公也。

侯者，射侯之义，殷周之言侯，犹汉之言持节也。《仪礼·大射仪》，"司马命量人量侯道"，郑注，"所射正谓之侯者，天子中之则能服诸侯，诸侯以下中之则得为诸侯"。此当与侯之初义为近。《周书·职方》，"其外方五百里，为侯服"，注，"孔曰，侯，为王斥侯也"。此当引申之义。侯之称见于殷墟卜辞。民国十七年董彦堂先生所获有"命周侯"之语，而前人所见有侯虎等词，是知侯之一称旧矣，其非周之创作无疑。至于何缘以射侯之称加于守土建藩之士，则亦有说。射者，商周时代最重之事，亦即最重之礼。《左传》，晋文公受九锡为侯伯时，辂服之次，彤弓、彤矢为先。《诗三百》中，王者之赐，亦只彤弓之赐独成一篇。又《齐风·猗嗟》，齐人美其甥鲁庄公也，除美其容止以外，大体皆称其射仪。其词曰：

> 猗嗟昌兮！颀而长兮！抑若扬兮！美目扬兮！巧趋跄兮！射则臧兮！
>
> 猗嗟名兮！美目清兮！仪既成兮！终日射侯，不出正兮！展我甥兮！
>
> 猗嗟娈兮！清扬婉兮！舞则选兮！射则贯兮！四矢反兮，以御乱兮。

是知纠纠武夫者，公侯之干城；射则贯者，王者之干城也。侯非王畿以内之称，因王畿以内自有王师，无所用其为王者斥侯也。而亦非一切畿外有土者之通称，因有土者不必皆得受命建侯。必建藩于王畿之外，而为王者有守土御乱之义，然后称侯。内之与王田内之有土称公者不同，外之与侯卫宾服者亦异。后世持节佩符者，其义实与侯无二。

伯者，长也。此《说文》说，而疏家用之，寻以经传及金文记此称谓诸处之义，此说不误也。伯即一宗诸子之首，在彼时制度之下，一家之长，即为一国之长，故一国之长曰伯，不论其在王畿在诸侯也。在王畿之称伯者，如召伯虎，王之元老也；如毛伯，王之叔父也；芮伯，王之卿士也。在诸侯之称伯者，如曹伯、郕伯，此王之同姓也；如秦伯、杞伯，此王之异姓也。至于伯之异于侯者，可由侯之称不及于畿内，伯之称遍及于中外观之。由此可知伯为泛名，侯为专号，伯为建宗有国者之通称，侯为封藩守疆者之殊爵也。若子，则除蛮夷称子外，当为邦伯之庶国（论详下节）。果此设定不误，是真同于日耳曼制 graf、landgraf、markgraf 之别矣。graf 者，有土者一宗中之庶昆弟，当子；landgraf 者，有土者一宗中之长，当伯；markgraf 者，有土者斥侯于边疆，得以建节专征者也。

　　传说（即《春秋》《左传》《杜解》等，以顾表为代表）之称伯者，与金文中所见之称侯伯者，颇有参差，看前表即知之。金文称伯者特多，传说则侯多。已出金文之全部统计尚未知，而金文既非尽出，其中时代又非尽知，且金文非可尽代表当世，故如持今日金文之知识以正顾表，诚哉其不足。然亦有数事可得而论次者：一则王室卿士公伯互称，此可知伯之非所谓爵也。二则齐鲁侯国绝不称伯，此可知侯之为号，固有殊异之荣。三则公固侯伯之泛称也。又一趋向可由顾表推知者，即称侯之国，其可考者几无不是周初宗胤，后来封建，若郑若秦，虽大，不得为侯。意者侯之为封本袭殷商，周初开辟土宇，犹有此戎武之号。逮于晚业，拓土无可言，遂不用乎？周威烈王二十三年，命晋大夫魏斯、赵藉、韩虔为诸侯，后又以侯命田氏。此均战国初事，当时小国尽灭，列国皆侯称，威烈王但抄古礼而已，非当时之制矣。

侯伯之伯，论作用则为伯之引申，论文义反是伯之本义。犹云诸侯之长，与上文所叙宗法意义下之伯，在字义上全同，即皆就长而言，在指谓上全不同，即一为家长（即国长），一为众侯之长耳。

子者，儿也。下列金文甲文异形，观其形，知其义。今作子者借字也。

以子称有土者，已见于殷，微子、箕子是。子者，王之子，故子之本义虽卑，而箕子、微子之称子者，因其为王子，则甚崇。至于周世，则以子称有土者，约有数类。最显见者为诸邦之庶子。邦之长子曰伯，然一邦之内，可封数邦；一邦之外，可封某邦之庶子，仍其本国之称。然则此之谓子，正对伯而言。吴之本国在河东王畿之中，故越在东南者为子。鄫之本国何在，今不可考知，然能于宗周时与申同以兵力加于周室，其不越在东夷可知，而越在东夷者为子。然则子之此义，正仲叔季之通称，与公子之义本无区别，仅事实上有土无土之差耳。诸侯之卿士称子，亦缘在初诸为侯卿士者，正是诸侯之子。又王畿中之小君，无宗子称伯者可征，或亦称子，如刘子、尹子。若然，则子之为称，亦王畿中众君之号；其称伯者，乃特得立长宗者耳。

至于蛮夷之有土者，则亦为人称子，自称王公侯伯。宗周钟，"王肇遹省文武，堇疆土。南国服子敢臽虐我土。"是金文中之证。若《春秋》，则以子称一切蛮夷，尤为显然。此类子称，有若干即非被称者之自认，又非王室班爵之号。此可证明者，例如荆楚，彼自称王，诸侯与之订盟，无论其次序先后如何，准以散盘大氏称王之例，及楚之实力，其必不贬号无疑也。然《春秋》记盟，犹书曰楚子。《国语·吴语》，"夫命圭有命，固曰吴伯，不曰吴王，诸侯是以敢辞。夫诸侯无二君，而周无二王。君若无卑天子，以干其不祥，而曰吴公，孤敢不顺从君命长弟！许诺。吴王许诺，乃退就幕而会。吴公先歃，晋侯亚之"。《春秋》书曰"吴子"，既与吴之自号不同，又与命圭有异也；是以蛮夷待吴也。至命圭有命，固曰吴伯者，意者吴之本宗在河东者已亡，句吴遂得承宗为伯乎？今又以金文较《春秋》，则莒自称为侯，而《春秋》子之；邾自泛称公，而《春秋》子之；楚自称为王、为公，而《春秋》子之。虽金文亦有自称子者，如许，然真在蛮夷者，并不自居于子也。然则蛮夷称子，实以贱之，谓其不得比于长宗耳。子伯之称既无间于王甸及畿外，其初义非爵，而为家族中之亲属关系，无疑矣！

就子一称之演变观之，颇有可供人发噱者。子本卑称，而王子冠以地名则尊，微子、箕子是也。不冠地名，则称王子，如王子比干。此之为子，非可尽人得而子之。称于王室一家之内者，转之于外，颇有不恭之嫌。满洲多尔衮当福临可汗初年摄政时，通于福临之母，臣下奏章称曰叔父摄政王，此犹满人未习汉俗之严分内外。果有汉臣奏请，叔父者，皇之叔父，非可尽人得而叔父之；遂冠皇于叔父之上。此正如王子、公子之造辞也。子一名在周初如何用，颇不了然，《周书》历举有土之君，子号不见。春秋之初，诸侯之卿，王室之卿，均称子，已见于典籍矣。前一格如齐之高国，晋之诸卿，鲁之三桓，后一格如刘子。至孔子时，士亦称子，孔子即其例也。战国之世，一切术士皆称子，子之称滥极矣。汉世崇经术，子之称转贵，汉武诏书，"子丈夫"，是也。其后历南北朝隋唐，子为严称。至宋则方巾之士，自号号人，皆曰子，而流俗固不以子为尊号。今如古其语言，呼人以子，强者必怒于言，弱者必怒于色矣。又"先生"一称，其运命颇可与子比拟。《论语》："有酒食先生馔，有事弟子服其劳。"此先生谓父兄也。至汉而传经传术者犹传家，皆先生其所自出，此非谓父兄也。今先生犹为通称，而俚俗亦每将此词用于颇不佳之职业。又"爷"之一词亦然。《木兰词》，"阿爷无大儿，木兰无长兄"，又云，"不闻爷娘唤女声"，爷者，父也。今北方俗呼祖曰爷，外祖曰老爷，犹近此义。明称阁部为老爷以尊，其亲者尊之也。历清代遽降，至清末则虽以知县县丞之微，不愿人称之为老爷而求人称之为大老爷。此三词者，"子"、"先生"、"爷"，皆始于家族，流为官称，忽焉抬举甚高，中经降落，其末流乃沉沦为不尊之称焉。

男者，附庸之号，有周公子明诸器所谓"诸侯，侯田男"者为之确证。按以《周书》所称"庶邦侯田男卫"诸词，此解可为定论。男既甚卑，则称男者应多，然《春秋》只书许男，而许又自称子（许子钟、许子簠）。此由许本鲁之附庸，鲁之势力东移，渐失其西方之纲纪，许缘以坐大，而不甘于附庸之列。鲁虽只希望"居常与许"，终不能忘情，《春秋》遂一仍许男之称焉。鲁许之关系，别详拙著《大东小东说》，此不具论。

三、既非五等，更无五等爵制

以上之分析与疏通，义虽不尽新，而系统言之，今为初步。

其中罅漏甚多,惟下列结语颇可得而论定焉。

一、公伯子男,皆一家之内所称名号,初义并非官爵,亦非班列。侯则武士之义,此两类皆宗法封建制度下之当然结果。盖封建宗法下之政治组织,制则家族,政则戎事,官属犹且世及,何况邦君? 如其成盟,非宗盟而何? 周室与诸国之关系,非同族则姻戚,非姻戚则"夷狄"。盖家族伦理即政治伦理,家族称谓即政治称谓。自战国来,国家去宗法而就军国,其时方术之士遂忘其古者之不如是,于是班爵禄之异说起焉。实则"五等爵"者,本非一事,既未可以言等,更未可以言班爵也。

二、五名之称,缘自殷商,不可以言周制。今于卜辞中侯伯俱见,其义已显,上文叙之已详。若公则载于《殷虚书契前编》卷二第三叶者凡二,子、男二字亦均见,特文句残缺,无从得知其确义耳。

三、《春秋》虽断烂,其源实出鲁国,故其称谓一遵鲁国之习惯,与当时盟会之实辞,周室命圭之所命,各有不同。与其谓《春秋》有褒贬之义,毋宁谓其遵鲁国之习耳。

四、男之对侯,子之对伯,一则有隶属之义,一则有庶长之别。其有等差,固可晓然。若伯之于侯,侯之于公,实不可徒以为一系统中之差别。

殷、周(指西周,下文同)之世,在统治者阶级中,家即是国,国即是家。家指人之众,国指土之疆。有人斯有土,实一事耳。然世入春秋,宗法大乱。春秋初年,可称为列国群公子相杀时代,其结果或则大宗之权落于庶支,例如宋鲁;或则异姓大夫得而秉政,例如齐晋。晋为军国社会最先成立之国家,其原因乃由于献公前后之尽诛公族。桓庄之族死于先,献惠之子杀于后，故自重耳秉政，执政者尽为异姓之卿。在此情景之下，家国之别，遂判然焉。孟子以为国之本在家者，仍以春秋时代宗法之义言之也。自家国判然为二事，然后一切官私之观念生，战国初年，乃中国社会自"家国"入"官国"之时期，顾亭林所谓一大变者也。前此，家国非二事也。《诗》曰："雨我公田，遂及我私。"此谓国君之公，非后世所谓公家之公。战国人狃于当时官国之见，以为古者之班爵整严，殊不知古时家、部落、国家三者不分者，不能有此也。狃于当时家国之分，殊不知殷周本无是也。狃于当时君臣之义，殊不知古之所谓臣，即奴隶及其他不自由人。金文中时有赐臣若干人之说；《论语》，"子疾病，子路使门人为臣……子曰，无臣而为有臣，将谁欺？欺天乎？且予死于臣之手也，毋宁死于二三子之手乎？"皆可为证。至春秋而王公之臣几与君子同列（君子初谊本如公子）。至战国而君臣之间义不合则去。此类家国之异、公私之分，皆殷周所不能有也。战国所谓君臣之义，有时即正如殷周时家长与其一家之众之义耳。吾辨五等爵之本由后人拼凑而成，古无此整齐之制，所识虽小，然可借为殷周"家国制"之证，于识当时文化程度，不无可以参考者焉。

中华民国十九年一月写于北平

按，此文主旨，大体想就于六七年前旅居柏林时，后曾以大意匆匆写投顾颉刚先生，为顾先生登于《国立中山大学语言历史学研究所周刊》第十四期。今思之较周，节目自异，然立论所归仍与前同。附记于此,以标同异。

　　校稿时补记——盂鼎,"隹殷边侯、田(甸)雩(越)殷正百辟,率锼于酒,古(故)丧自(师)"。曰"边侯",则其为斥侯之意至显,而"边侯"之称尤与markgraf合。

(原载1930年5月《国立中央研究院历史
语言研究所集刊》第二本第一分)